Manfred Lange

Vom Mittelmeer bis zum Pazifik
Eine kulinarische Reise von Manfred Lange

Manfred Lange

Vom Mittelmeer bis zum Pazifik

Eine kulinarische Reise von Manfred Lange

Rediroma-Verlag

Bibliografische Information der Deutschen Nationalbibliothek:
Die Deutsche Nationalbibliothek verzeichnet diese Publikation in der Deutschen Nationalbibliografie; detaillierte bibliografische Daten sind im Internet über http://dnb.ddb.de abrufbar.

ISBN 978-3-96103-362-1

www.rediroma-verlag.de
22,95 Euro (D)

Vom Mittelmeer bis zum Pazifik

Eine Kulinarische Reise von Manfred Lange

Vorwort

Auf meinen interessanten Reisen in den Orient habe ich viele tolle Speisen kennengelernt. Einen Teil davon habe ich in diesem Kochbuch in Form von Menüs zusammengestellt. Dabei möchte ich Sie auf dem Weg von Deutschland über Italien, die Türkei, Pakistan und Indien bis hin nach Thailand an meiner kulinarischen Reise teilhaben lassen. Die Menüs haben meinen Gästen zuhause und den Teilnehmern in meinen Kochkursen immer sehr gut geschmeckt. Probieren Sie es einfach aus, es ist gar nicht so schwer. **Alle Rezepte sind jeweils für 4 Personen kalkuliert.**

Am Ende der kulinarischen Reise ist ein Anhang über die im Buch verwendeten Kräuter und Gewürze und deren spezieller Heilwirkung.

Bella Italia

Wenn man den Brennerpass hinter sich gelassen, Bozen, Verona und Florenz passiert hat, liegt die Tosacana vor uns. Im Spätsommer beginnt die Weinlese und am Abend, wenn die Temperaturen erträglich geworden sind, kommt die Familie zum gemeinsamen Abendessen zusammen. Es wird viel gesprochen, getrunken und gegessen. Mama Leone stand schon seit einigen Stunden in der Küche und hat leckere Speisen gekocht. Schon von Weitem ziehen würzig, feine Düfte durch die Luft. Heute sind wir als Gäste dabei und deshalb hat sie ein mehrgängiges Menü vorbereitet.

Zur Begrüßung kredenzt sie jedem ein Gläschen Puccini, ein erfrischender Cocktail aus Mandarinensaft und Sekt. Sie sagt, dass früher die Damen und Fräulein aus aristokratischen Häusern, dieses Getränk bevorzugt haben.

Eine Minestrone der feinsten Art ala Paolo, folgt. Man spürt die frischen Gemüsesorten, die sie am Vormittag auf dem Markt eingekauft hat. Die leckeren Bruscetti aus hausgebackenem und gerösteten Ciabattabrot mit Morzarella überbacken folgen. Zwischendurch wird immer mal mit einem kühlen Gläschen toskanischem Prosecco zugeprostet und angestoßen.

Der erste Hauptgang besteht aus selbstgemachter Tagiatelle mit Ruccolasoße, Pinienkernen und Piccorino. Gefolgt vom „Fisch im verrückten Wasser". Ein ausgezeichnet zubereitetes Fischgericht aus Seebarsch, dazu typische mediterane Gemüsesorten und Kräuter.

Den krönenden Abschluss bilden die „Pfirsiche an heiligem Wein". Es war ein herrlich leckerer und unterhaltsamer Abend und ich bin sicher, damit werden Sie bei Ihren Gästen einen bleibenden Eindruck hinterlassen.

Italienische Küche (Toscana) ala Mama Leone

Mehrgängiges – Menü

Zur Begrüßung

Il Puccini

(Mandarinen – Sekt – Cocktail)

Als Vorspeise

Minestrone ala Paolo

(Gemüsesuppe ala Paolo)

La Poverella

(Tomaten Buschetti)

Der 1. Hauptgang

La Tagiatelle con Salsa die Rucola

(Tagiatelle mit Rucolasoße)

Der 2. Hauptgang

La Spigola „all'Acqua pazza“

(Fisch im „verrückten Wasser“)

Das Dessert

La Pesche al Vin Santo

(Pfirsiche an „heiligem Wein“)

Die Rezepte:

Il Puccini Der Puccini, ein aristokratischer Cocktail zur Begrüßung der Gäste, von den eleganten Damen und Fräulein bevorzugt.

½ Flasche Sekt (gekühlt)
4 Mandarinen

Die Mandarinen halbieren und den Saft auspressen, anschließend durch ein feines Sieb geben. Den Saft zu 1/3 in Sektflöten gießen und mit Sekt auffüllen.

Minestrone ala Paolo, italienische Gemüsesuppe f. 4 Pers.

1,3 Ltr. Gemüsebrühe
2 Möhren
300 g Kartoffeln
2 Zucchinis
2 Stangen Staudensellerie
1 Stange Porree
2 Tomaten
8 Perlzwiebeln
Salz u. Pfeffer, geriebenen Parmesan

Das Gemüse waschen, putzen und in kleine, mundgerechte Stücke schneiden (außer den Tomaten, die in kleine ca. 1 cm große Würfel und die Perlzwiebeln in kleine Ringe), die Brühe in einem ausreichend großen Topf zum Kochen bringen und nach und nach die Gemüseteile hinzufügen. Aufgrund der unterschiedlichen Garzeiten, mit den Kartoffeln und den Möhren beginnen, 5 – 8 Min. köcheln, dann Staudensellerie, Zucchinis, die Perlzwiebeln und den Porree, ganz zum Schluss die Tomaten hinzugeben. Alles weitere 10 Min köcheln lassen, bis die Gemüseteile leicht aldente sind. Mit Salz und Pfeffer abschmecken. Um eine leichte Sämigkeit zu erlangen, kann mann etwas (ca. 20 – 30 g) geriebenen Parmesan untermischen.

Dazu kann Pane od. Ciabatta Brot gereicht werden. Die Gemüseteile können auch in andere Formate geschnitten werden. Als Deko kann man die Suppe mit Parmesan oder einem Pesto garnieren.

La Poverella Tomaten Buscetta f. 4 Personen

8 Scheiben Chiabattabrot
4 große, reife u. feste Tomaten
2 Knoblauchzehen
ca. 20 Basilikumblättchen
8 Scheiben Büffelmozarella
Olivenöl
Salz u. Pfeffer

Chiabattabrot in ca. 1,5 cm dicke Scheiben schneiden und von beiden Seiten anrösten bzw. toasten. Die Tomaten mit heißem Wasser überbrühen, die Haut abziehen und in ca. 1 x 1 cm kleine Würfel schneiden. In ein Tropfsieb geben und den Saft abtropfen lassen. Knoblauchzehen feinhacken, dazu geben und vermischen, kurz ruhen lassen. In eine Schüssel geben, mit Olivenöl, Salz und Pfeffer würzen und gut vermengen. Die gerösteten Brotscheiben auf einem Backblech auslegen, von einer Seite mit etwas Olivenöl bestreichen und mit der Tomatenmischung belegen. Mit einem Esslöffel und einer Gabel ist mir das immer gut gelungen. Dann 12 Basilikumblättchen grob zerrupfen und oben auf die Brote legen, mit Mozarellascheiben abdecken und ab in den Backofen. Mit der Grillfunktion die Käsescheiben leicht anbräunen, herausnehmen, je 2 Scheiben Bruschetti pro Person auf einem kleinen Teller anrichten.

La Tagliatelle con Salsa di Rucola

(Tagliatelle mit Rucola Soße)

siehe Rezept bei „Menü für einen italienischen Abend“

Spigola „all'Acqua pazza“

(Fisch im „verrückten Wasser“)

ca. 1 kg Weißfisch (Saibling, Seebarsch, auch Lachs eignet sich gut)
200 ml Wasser
200 ml Weißwein
2 Knoblauchzehen, schälen und ganz lassen
2 Perlzwiebel, schälen und längs halbieren
1 kleine Möhre, putzen und einmal längs aufschneiden, in 5 cm Stücke
8 Kirschtomaten, waschen und ganz lassen
12 schwarze Oliven
2 Selleriestangen, jede halbieren
2 Fenchelblätter von der Knolle, je halbieren
1 EL Kapern (in Branntweinessig eingelegt)
einige Blätter frischen Rosmarin u. Salbeiblätter,
4 - 6 EL Olivenöl
1 TL Salz
1 Prise Chilipulver oder 2 kleine Chilischoten

Den Fisch je nach Beschaffenheit gut waschen, ggf. entschuppen und salzen, (am besten vom Fischhändler vorbereiten und ggf. filetieren lassen).
Die Gemüsesorten vorbereiten und zur Seite stellen. Den Fisch in eine mit dem Olivenöl vorbereitete große Pfanne geben und zuerst von der Innenseite kurz anbraten, dann die andere Seite. Die Gemüseteile hinzugeben alles gut in dem Öl anbraten und wenden, dann das Wasser und den Wein dazugeben. Aufkochen und zugedeckt ca. 7 - 10 Min. köcheln lassen, bis der Fisch weich ist aber noch nicht zerfällt. Danach den Fisch und das Gemüse aus der Pfanne nehmen, warmhalten und die Soße für einige Min. reduzieren. Den Fisch mit dem Gemüse garnieren und die Soße hinzugeben. Dazu warmes Chiabattabrot oder Pane in Scheiben reichen. Beides erhältlich in den Backabteilungen der Supermärkte oder auch der Italiener um die Ecke verkauft Ihnen gern eines.

La Pesche al Vino Santo (Pfirsiche an „heiligem Wein“)

4 feste, reife Pfirsiche (so reif, dass sich der Kern leicht entfernen lässt)
70 g Zucker
50 g Butter
8 Gewürznelken
8 Cantuccini
4 cm Zimtstange
Schale einer Orange (mit einem Schälmesser von einer unbehandelten Orange abschälen)
½ Ltr. Vin Santos (od. einen anderen lieblichen Weißwein)

Die Pfirsiche halbieren und den Kern vorsichtig entfernen, damit das Fruchtfleisch heil bleibt. Die Kekse zerbröseln und mit der Orangenschale im Mixer zerkleinern. Danach mit der Butter, 3 EL Wein und 1 EL Zucker gut vermengen und Pfirsiche in eine Auflaufform geben. Vorher diese mit Butter gut einfetten. In die Kernaushöhlungen die Masse einfüllen. Den Wein, Zucker, Nelken und Zimt in die Form geben und im vorgewärmten Backofen bei 150° Cel. gut 20 Min. backen. Zwischendurch die Pfirsiche 3 – 4 Mal mit der Flüssigkeit aus der Form beträufeln. Anschließend die Pfirsiche aus der Form herausnehmen und auf Dessert Tellern anrichten. Die Flüssigkeit durch ein Sieb filtern und in einem Topf zu einer dickflüssigen Soße reduzieren. Diese dann über die Pfirsiche gießen und warm, ggf. mit einer Kugel Vanille-Eis servieren.

Menue für einen italienischen – Abend

4 – Gänge - Menü

Als Vorspeise:

Le Bruschette di Peperoni grigliati
(geröstete Brotscheiben m. gegrillten Paprikaschoten)

....danach...

Le Tagiatelle con Salsa di Rucola
(Tagiatelle mit Rucola Soße)

als Hauptspeise:

Il Rotolo di Vitello con Spinaci e Frittala
(Kalbsrollbraten mit Spinat u. Omelette)

als Dessert:

Orangen - Tiramisu

Le Bruschette di Peperoni grigliati 8 Scheiben
(geröstete Brotscheiben mit gegrillten Paprikaschoten)

8 Scheiben Chiabatta-Brot, von beiden Seiten geröstet
1 große gelbe Paprikaschote
1 große rote Paprikaschote
2 Knoblauchzehen
8 – 10 EL Olivenöl
3 TL Balsamico-Essig
1 EL Kapern
1 EL Paniermehl
1 Bund Petersilie
Salz, Pfeffer

Paprika ca. 20 Min. im Backofen bei 180° Cel. backen, ca. 15 Min. im Kühlschrank abkühlen, halbieren und die Innereien entfernen, in ca. 1 cm breite Streifen schneiden und die Haut abziehen.
Knoblauch, Petersilie und Kapern fein hacken und mit Essig, Öl und Paniermehl gut vermengen und unter die Paprikastreifen mischen, mit Pfeffer und Salz abschmecken.
Die Brotscheiben von beiden Seiten anrösten, mit etwas Olivenöl bestreichen, die Paprikastreifen darauf verteilen und mit etwas Olivenöl betreufeln.

Als 1. Hauptgang

La Tagiatelle con Salsa di Rucola
(Tagiatelle mit Rucola Soße)

350 g Tagiatelle*, mittlere Größe
50 g Rucola
40 g geriebenen Pecorino (davon einige Scheiben zum Dekorieren)
40 g geriebenen Parmesan (davon einige Scheiben zum Dekorieren)
20 g Pinienkerne
1 Knoblauchzehe
6 – 7 EL Olivenöl
2 EL Zitronensaft
½ TL Chilipulver, Salz ,20 g Butter

Wasser zum Kochen bringen und die Tagiatelle ca.- 7 – 9 Min. kochen, wenn sie „al dente“ sind, abgießen, ein Walnuss großes Stück Butter

im Topf auflösen und die Tagiatelle zurückgeben und warmhalten.
In der Zwischenzeit den Rucola gut waschen, die Stiele abschneiden (einige Blätter zur Dekoration zurückhalten) und in eine Schüssel geben. Dazu mit dem geriebenen Pecorino, Parmesan, Pinienkernen gehackt, Knoblauch fein gehackt, Zitronensaft, Chilipulver und Salz gut vermischen und langsam das Olivenöl hinzugeben. Diese Mischung mit 2 Gabeln unter die Tagiatelle heben und auf einem flachen Teller mit den restlichen Rucola Blättern, den Pecorino- u. Parmesan-Scheiben dekoriert, servieren

* **Tagiatelle** Eigene Herstellung:
Pro Person 100g Weizenmehl, 1 Ei, 1 Prise Salz, ein paar Tropfen Olivenöl

Das Mehl in eine Schüssel sieben, oben eine Mulde bilden und Ei, Salz u. Öl hinzugeben und alles gut verkneten. Eine glatte Unterlage mit Mehl bestreuen und den Teig sehr dünn ausrollen. Den Teig in schmale Streifen schneiden und in kochendem, gesalzenem Wasser ca. 5 – 7 Min. garen bis sie je nach Bedarf, al dente oder weicher sind. Besser man verwendet eine Nudelmaschine mit der man die Teigdicke und die Streifen sehr einfach herstellen kann.

Als 2. Hauptgang

Il Rotolo di Vitello con Spinaci e Frittata

(Kalbsrollbraten mit Spinat und Omelette)

800 g Kalbfleisch, (am besten von der Oberschale) in einer Scheibe
500 g Spinat
4 Eier
15 EL Olivenöl
½ Glas Weißwein
2 EL Parmesan, gerieben
2 Knoblauchzehen
Salz u. Pfeffer, Muskatnuss
Rosmarin,
4 Perlzwiebeln
8 Oliven (grüne und schwarze)
4 Kirschtomaten

Spinat gut waschen, 5 EL Öl in einen Topf geben, Spinat hinzugeben u. zugedeckt garen, bis der Spinat zusammen fällt, ausdrücken und abkühlen lassen. Danach mit Knoblauch fein hacken, Prise Muskat einreiben.
Kalbfleisch dünn ausklopfen und beidseitig mit Salz u. Pfeffer bestreuen.
Die Eier aufschlagen und mit Parmesan, Prise Salz u. Pfeffer gut vermengen. Eine große Pfanne (28 cm) erhitzen und Mischung hineingeben, von beiden Seiten ein schönes Omelett ausbraten. Selbiges auf die Scheibe Kalbfleisch legen, 2/3 der Spinatmischung gut darauf verteilen. Jetzt vorsichtig zusammenrollen, aufpassen, dass an den Seiten kein Spinat austritt und mit Küchengarn zusammenbinden.
In einem Topf das restliche Öl erhitzen und den Rollbraten von allen Seiten gut anbraten. Mit Weißwein ablöschen, Rosmarin dazu geben, Deckel drauf und ca. 15 Min. garen. Jetzt die Perlzwiebeln, Oliven und Kirschtomaten hinzufügen und weitere 5 Min. garen. Der Braten ist gut, wenn mit einer Gabel leicht hineingestochen werden kann.

Zum Servieren den Braten in Scheiben schneiden, auf einem Teller anrichten, restlichen Spinat herum verteilen, Zwiebeln, Oliven und Tomaten dazugeben, mit der Soße im Topf leicht beträufeln.

Orangen Tiramisu

150 g Cantuccini
5 Orangen
250 g Mascarpone – Creme
250 g Joghurt (mind. 3,5% Fett)
2 Päckchen Vanillezucker
Ahornsirup
Cointreau
Schokoladenraspel

Die Kekse in einen Cocktailglas auslegen, 1 Orange auspressen und den Saft auf die Kekse träufeln. Die Orangenschale abschneiden, in Achtel filetieren, in kleine Stücke schneiden und auf den Keksen verteilen.
Die Mascarpone-Creme mit dem Joghurt unter Beigabe von Zucker und Ahornsirup gut vermengen bis eine cremige, leicht verstreichbare Masse entsteht (abschmecken).
Die Orangenstücke mit Cointreau beträufeln und dann die Creme aufstreichen, anschließend kühl stellen.
Vor dem Servieren mit den Schokoladenraspeln dekorieren.

Bueno Apetito!

Hos Geldiniz – Die Türkei lässt grüßen!

Der Besuch in Italien ist zuende und es geht weiter über Bologna, Padua und Triest nach Slowenien. Von Zagreb aus führt uns der Weg durch Kroatien und Serbien. Auf heute gut ausgebauten Straßen passieren wir Belgrad und an Nis vorbei erreichen wir Bulgarien. Unser nächstes Reiseziel ist die Türkei. Früh morgens treffen wir in Istanbul ein. Vor der Galata-Brücke, dort wo die Fährschiffe nach Üsküdar, dem asiatischen Teil der Türkei übersetzen, treffen wir uns mit Hasan. Ich habe ihn vor Jahren in Deutschland kennengelernt, als er als Gastarbeiter zu uns kam und bei Bosch gearbeitet hat. Nach fast dreißig Jahren ist er wieder in seine alte Heimat zurückgekehrt und verbringt hier seinen Lebensabend. Er lädt uns zum Frühstück in ein Hotelrestaurant ein. Danach will er uns einige Sehenswürdigkeiten der Stadt zeigen.

Der türkische Geschäftsmann, der morgens ins Büro geht, sagt Hasan, ißt zunächst eine Iskembe Corba, eine Kuttelsuppe. Sie schmeckt süß säuerlich und soll besser als ihr Ruf sein. Sie besteht überwiegen aus Innereien des Schafes. Auch eine Mercimek-Corba wird gern gegessen, eine Suppe aus kleinen roten Linsen. Wir können uns am Frühstücksbuffet bedienen, das reichlich gedeckt ist.

Wir stellen uns eine kleine Auswahl an frischen Tomaten, Gurkenscheiben, grünen und schwarzen Oliven, einigen kleinen Stücken Peynir, dem türkischen Schafskäse zusammen. Dazu gibt es schwarzen Tee in den kleinen bauchförmigen Teegläsern und warmes Pide, in Streifen geschnittenes Fladenbrot. Eine andere Köstlichkeit empfiehlt uns Hasan.

Der Koch brät uns ein Spiegelei, drum herum platziert er gebratene Sucuk-Scheiben (das ist die braune Rinderwurst). Das ergänzt er noch mit gegrillten grünen Spitzparika und gegrillten Tomatenhälften. Wir probieren es und es schmeckt recht gut. Danach brechen wir auf in die Stadt. Für die Hagia Sofia hat unser Freund schon Eintrittskarten besorgt und so können wir an der langen Schlange der Touristen vorbei die ehemals Christliche Kirche besichtigen, die heute ein Museum ist. Ein weiteres Highlight wartet in dem Topkapi – Palast auf uns, in dem einst die mächtigen Sultane residierten und in ihrem Harem sich von einem Heer der schönsten Frauen verwöhnen ließen.

Mittlerweile ist es Mittag und wir statten dem berühmten Lale-Lokantasi, dem „Puddingshop“ einen Besuch ab. Dieses Restaurant war in den 70-ger bis 90-ger Jahren des 20.-Jahrhunderts ein zentraler Anlaufpunkt der

Jugend aus aller Welt. Auch ich bin hier das eine und das andere Mal Gast gewesen. Eine Fülle von osmanischen Speisen werden immer noch angeboten. Hier eine kleine Auswahl, die man sich nach Belieben zusammenstellen kann. Einfach zubereitet eingen sich sie perfekt im Sommer zur Grillsaison.

Ein Menüvorschlag, wenn Sie Gäste eingeladen haben:

Vorspeise

Mercimek Corba (Türkische Linsensuppe)

dazu in Streifen oder Tortenstücke geschnittenes

Pide (vom türk. Bäcker, gibt es auch in den meisten türk. Gemüseläden)

Cacik, (Yoghurtspeise mit Zwiebel und Gurke)

Hauptspeise

Köfte (Hackfleischbuletten)

oder

Shish – Kebab (Lammfleisch-Spieße)

oder

Adana - Kebab (Hackfleisch-Spieße)

Tomatensalat

Als Nachtisch wird oft Baklava, Halva oder Lukkum gereicht. Typische türk. Spezialitäten, für westliche Geschmacksnerven recht süß!

Als Getränke eignen sich erfrischender **Ayran,** (Joghurtgetränk) oder / und **Cay,** (türkischer Tee), als Apparativ wird auch **Aslan – Süt,** (Löwenmilch) getrunken. Das besteht aus 1/3 aus Raki (türk. Anisschnaps) und zu 2/3 aus Wasser, ergibt dann eine milchige Flüssigkeit, die mit einigen Eiswürfeln recht erfrischend wirkt, zunächst zumindest. Alle anderen Getränke gehen natürlich auch!

Mercimek Corba Türkische Linsensuppe

2 Kartoffeln, mittlere Größe
1 Mohrrübe
1 Tomate, groß und fest
1 Zwiebel, mittelgroß
ca. 300 g rote, kleine Linsen
1 TL Tomatenmark
1 TL Paprikapulver, mittelscharf
1 TL Kreuzkümmel
1 TL Salz
½ TL Pfeffer
6 Basilikumblättchen
6 Blättchen frische Minze
Saft einer halben Zitrone
Olivenöl

Kartoffeln schälen und in kleine Stücke schneiden, ebenso die Möhre und die Zwiebel. Öl in einen ausreichend großen Topf geben und die Kartoffeln, Möhre und Zwiebel kurz anbraten. Tomatenmark dazugeben und gut vermengen, Die gewaschenen Linsen hinein und gut mit Wasser auffüllen daß alles gut bedeckt ist, umrühren und 20 - 30 Min. köcheln lassen. Salz u. Pfeffer, Paprika, Basilikum- und Minzeblättchen hineingeben, kurz umrühren. Vom Herd nehmen, etwas abkühlen lassen und alles gut durchpürieren und den Zitronensaft untermengen. Sollte die Suppe zu dick sein, mit Gemüsebrühe verdünnen.
Sehr warm servieren, ggf. mit einem Schuss Sahne oder einem Stück Butter verfeinern. Dazu kann man ein paar warme Streifen Pide (Fladenbrot) oder Ekmek (Weißbrot) essen

Köfte, Hackfleischbuletten

250 g Rinderhack
250 g Lammhack
1 Zwiebel
2 Knoblauchzehen
3 Stängel glattblättrige Petersilie
2 TL Hackbratengewürz vom Türken
3 EL Bulgur, fein
1 Ei
1 TL Salz
Distel- oder Rapsöl zum Braten

Die Zwiebel schälen, in sehr feine Stücke hacken, ebenso Knoblauch und die Petersilie. Alles zusammen mit dem Mett, den Gewürzen, Bulgur und dem Ei in eine entsprechend große Schüssel geben, gut vermengen und so lange durchkneten, bis daraus eine homogene Menge wird.
Mit einem größeren Löffel aus der Teigmenge ovale, längliche Klopse formen und in einer Pfanne von beiden seiten leicht bräunlich anbraten. Alternativ kann man aus einer doppelten Teigmenge fingerdicke Röllchen formen. Sie können auf einem engmaschigen Grill auch gegrillt werden. Warm servieren!

Köfte mit gedünstetem Gemüse

Tomatensalat

5 Tomaten, groß, fest und reif
1 große Gemüsezwiebel od. rote Zwiebel
1 Salatgurke
1 Spitzpaprika, grün und süß
1/4 Bund glattblättrige Petersilie

Dressing:
30 ml Olivenöl
30 ml frischen Zitronensaft
1 EL Blütenhonig
Salz

Die Tomaten waschen, halbieren, die Stängel entfernen und in kleine Spalten schneiden. Die Zwiebel schälen, halbieren und feine ringe schneiden. Die Salatgurke der Länge nach halbieren und mit einem TL die Weichteile entfernen. Die Hälften noch einmal halbieren und in kleine Stücke schneiden. Die Spitzpaprika der Länge nach aufschneiden und die Samen entfernen, das Fruchtfleisch in sehr kleine Stücke hacken. Von der Petersilie 4 Stängel zur Seite legen und vom Rest die Blätter abzupfen, fein hacken und mit Tomaten, Gurken und Peperoni vermengen. In einer kleinen Schale die Zutaten für das Dressing zubereiten indem alles gut miteindander vermischt wird.

Zum Servieren wird auf einem Salat-Teller angerichtet, das Dressing von oben hinzu gegeben und mit einem Petersilien-Stängel garniert.

Anstatt des Öldressings kann auch ein Yoghurt-Dressing verwendet werden, dabei verdünnt man etwas Joghurt mit Buttermilch, gibt Salz und pfeffer hinzu und übergießt den Salat damit.

Shish – Kebab (Lammfleisch-Spieße)

ca. 500 g Lammfleisch, am besten von der Keule und gleich vom türk. Schlachter in kleine Portionen schneiden lassen, sagen daß es für Shish-Kebap sein soll.

Geschmacklich optimieren kann man das Fleisch, wenn es vorher in einer Marinade gewälzt wird und ca. 1 Std. darin verweilen kann.

Marinade:
2 Gemüse-Zwiebeln schälen, grob hacken und pürieren, den Inhalt in ein feines Tuch od. Sieb geben und den Saft herauspressen, mit Olivenöl, klein gehackten Thymiannadeln und 2 TL Salz vermischen. Die Fleischstücke hineingeben, ordentlich wenden und 1 gute Std. marinieren lassen, im Kühlschrank 2 Std.

Danach die Fleischstücke auf Holz- od. Metallspieße aufziehen und auf einem Grill solange grillen, bis sie rundherum leicht bräunlich sind.

Dazu kann Tomaten-Bulgur-Salat und/oder Fladenbrot (leicht angeröstet) gereicht werden, mit ein wenig Salz aus dem Streuer, schmecken die Cis-Kebabs besonders gut.

Die Spieße können auch mit Hähnchen-, Puten- oder Rindfleischstückchen gespickt sein. Ebenfalls können auch div. Gemüsesorten aufgespießt und gegrillt werden. Nur sollte man Fleisch und Gemüse nicht unbedingt zusammen auf einem Spieß grillen, da das Fleisch dadurch trocken wird.

Adana - Kebab (Hackfleisch-Spieße)

750 g Rinderhack (fein)
250 g Lammhack (fein)
3 Zwiebeln
3 Knoblauchzehen
4 TL Hackfleischgewürz
1 EL Tomatenmark
1 EL Kichererbsen Mehl

Die Zwiebeln schälen und sehr fein hacken, ebenso den Knoblauch. Das Fleisch mit allen Zutaten in eine ausreichend große Schüssel geben und gut miteinander vermengen damit ein fester Teig entsteht. Sollte er nicht gut zusammen haften, ggf. 1 Ei hinzufügen und nochmals kräftig durchkneten. Zur Grillvorbereitung die Mischung mit den Händen zu einer Wurst formen (etwa Bratwurstlänge) und einen flachen Metallspieß hindurch schieben, dabei darauf achten daß das Fleisch gut zusammenbleibt. Von beiden Seiten gleichmäßig grillen, bis eine leicht bräunliche Färbung erreicht ist.

Zum Servieren am besten einen ovalen Teller mit Tomaten–Bulgur, gegrillten Tomaten und gegrillten grünen Spitzpaprika belegen, 1 – 2 Spieße dazu und mit gehackter glattblättriger Petersilie und einigen großen Zwiebelringen garnieren. Über alles kann ein wenig Platt-Paprika Gewürz gestreut werden. Geröstete Fladenbrot Streifen werden auch gern dazu gegessen.

Cacik, Yoghurtspeise mit Zwiebel und Gurke

500 g türk. Yoghurt 10% F.
½ Gewürzgurke
1 kl. Zwiebel
3 Knoblauchzehen
1 TL Salz
glattblättrige Petersilie

Den Joghurt in ein entsprechend großes Gefäß geben, die Gurke der Länge nach halbieren und mit einem TL die Weichteile heraus schaben. In kleine Streifen schneiden und sehr klein würfeln. Die Zwiebel und den Knoblauch ebenfalls in sehr kleine Stücke hacken. Alles dem Joghurt zugeben und gut vermengen, mit Salz abschmecken. In kleine Schüsseln abfüllen und mit einem frischen Petersilien -Stängel dekorieren.

Frische Granatäpfel

Ayran, erfrischendes Joghurtgetränk (1 Ltr.)

500 g türk. Joghurt 10% F.
½ Ltr. Wasser
Salz

Joghurt und Wasser in eine Kanne geben, alles gut durchmischen mit einem Schneebesen, mit Salz abschmecken und kalt servieren. An heißen Tagen kann Ayran auch mit gecrashtem Eis gekühlt serviert werden.

Tomaten-Bulgur Hartweizengries mit Tomaten

ca. 750 ml Gemüsebrühe
3 Tomaten, groß, fest und reif
500 g Bulgur, grob
1 Zwiebel, fein gehackt
1 EL Tomatenmark
100 g Butter
1 TL Pulbiber, (türk. Plattpaprika)
1 TL Salz

Bulgur waschen und abtropfen lassen. Butter in einen entsprechend großen Topf geben, Zwiebeln anbraten und Bulgur hinzufügen. Tomaten mit heißem Wasser übergießen und die Haut abziehen, in kleine Würfel schneiden und ab in den Topf. Unter mittlerer Hitze alles gut umrühren. Tomatenmark, Pulbiber und Salz beigeben, vermengen und mit Gemüsebrühe auffüllen bis alles gut bedeckt ist. Deckel drauf, aufkochen und bei schwacher Hitze ca. 10 min . köcheln lassen. Wenn das Wasser aufgesogen und das Getreide aufgequollen ist, vom Herd nehmen und abkühlen lassen. Noch einmal alles gut umrühren. Kann warm oder kalt serviert werden. Wird zu Köfte und Kebab - Gerichten gereicht. Meist noch mit gegrillten Tomatenhälften und grünen Spitzpaprika servieren.

Der Pudding Shop heute

Namaste

Der Aufenthalt in der Türkei nähert sich dem Ende und weiter geht die Reise über den Iran, Afghanistan nach Pakistan und Indien. Die Küchen der beiden letzten Länder ähneln sich sehr, da Pakistan als eigener muslemischer Staat aus dem indischen Subkontinent hervorgegangen ist. Da ich fast 25 Jahre mit meiner aus Pakistan stammenden Frau verheiratet war, habe ich diese Küche kennen und lieben gelernt. Eine Vielfalt an leckeren Speisen, z.T. recht scharf gewürzt, bietet das Land aus tausend und einer Nacht. Verschiedene Einflüsse haben letztlich diese Küche geprägt. Aus dem arabischen Raum, aus Persien und China wurden im Laufe der Jahrhunderte Rezepte übernommen. Selbst die Engländer haben während ihrer Kolonialzeit in Indien, einige Rezepturen dort hinterlassen, wie z.B. die Mulligatawny Suppe. In allen Städten kann man an den Straßenrändern kleine Garküchen entdecken, die für unsere westlichen Verdauungsorgane jedoch mit Vorsicht zu genießen sind. Durchfallerkrankungen hat man sich schnell eingefangen, wenn man einige Regeln nicht beachtet. Niemals rohen Salat essen, keine frisch gepressten Fruchtsaftgetränke, wie Orangensaft, Traubensaft oder süßen, aus Zuckerrohr gewonnen Saft trinken. Bei Mineralwasser immer darauf achten, dass die Flaschen original verschlossen sind. Unbedenklich sind hingegen Tee, Bananen, Orangen, wenn man sie selber schält. Speisen in den besseren Restaurants und Hotels gelten auch als relativ unbedenklich. Hat man sich jedoch die Rache Montezuma's einmal eingefangen, ist eine Trinkkur mit ungesüßtem schwarzen Tee eine wirksame Therapie.

In Neu-Delhi erwartet uns bereits Manish Grupta und lädt uns zum Essen in ein vier-Sterne Restaurant ein. Am Eingang begrüßt uns ein Angestellter in historischer Gurkha-Uniform und öffnet uns die Tür. Innen übernimmt uns ein weiterer Mitarbeiter und begleitet uns zu unserem Tisch. Manish kennt den

Restaurantchef, der uns überschwänglich willkommen heißt. Nach einem Small Talk gibt er einem Kellner, der extra für unseren Tisch abgestellt ist, einige Informationen. Uns wird eine Speiskarte vorgelegt und eine Empfehlung abgegeben, die das heutige Menüangebot beschreibt. Eine sehr interessante Speisenfolge erwartet uns, wir sind gespannt.

Zu Beginn wird dem Gast aus einer Karaffe gekühltes Wasser gereicht. (Wir können davon ausgehen, dass es abgefülltes Mineralwasser ist). Das ist eine alte Tradition, wird uns erklärt, die darauf zurückzuführen ist, dass der Reisende nach einer anstrengenden Fahrt über staubige Straßen, sich erst einmal erfrischen soll. Papadoms (indisches Knusperbrot) mit hausgemachtem Tomaten Chutney wird als Starter serviert. Sabzi-Pakoras (frittierte Gemüsebällchen) mit einem Gurken-Tomaten Raita (Yoghurtspeise mit Gurken-Tomatenmischung) folgt. Als Hauptgang steht heute ein Lammcurry mit Basmatireis an. Dazu gibt es grüne Bohnen mit Kokosnuss. Als Dessert wir ein Bengalischer Traum gereicht, der an Geschmack und Präsentation kaum zu überbieten ist.

1. Indisches Menü

Als Starter:

Black Pepper Papadoms m. Tomatenchutney

(Knusperbrot aus Kichererbsenmehl)

Sabzi – Pakoras mit Gurken-Tomaten Raita

(Frittierte Gemüsebällchen, dazu Yoghurtspeise)

Als Hauptgang:

Lammcurry mit Basmatireis

dazu

Grüne Bohnen mit Kokosnuss

Dessert:

Bengal Dream

Die Papadoms lohnen sich nicht selber zu machen. Im Asia – Shop erhält man eine gute Auswahl von verschiedenen Geschmacksrichtungen. Ich erhitze sie eine knappe Minute in der Mikrowelle und sie kommen knusprig, leicht gebräunt heraus. Man kann sie auch in einer entsprechend großen Pfanne anbraten, wenn sie aufgegangen sind, sind sie fertig. Dazu kann man ebenfalls im Asia – Shop gleich fertige Chutneys, zum Beispiel Gemüse – Chutney oder Mango – Chutney mitnehmen. Die eigene Herstellung ist recht aufwendig. Man sollte es aber wenigstens einmal probieren, hier das Rezept für ein Tomaten – Chutney:

Tomaten Chutney

für ca. ½ Liter

500 g feste Tomaten
¼ L Weinessig
200 g feingehackte Zwiebeln
4 cm Zimtstange
1 EL Salz
300 g braunen Zucker
1 EL dunkler Sirup
3 EL frischen Ingwer, fein gehackt
2 EL Knoblauch, fein gehackt
10 Gewürznelken
1 TL rote Chilis, fein gehackt
5 EL frischen Koriander, fein gehackt ohne Stiele
1 EL Sesamöl od. altern. Pflanzenöl
3 EL schwarze Senfkörner

Tomaten grob hacken und mit Zwiebeln, Zimt und Salz in einen Topf geben, mit Essig vermischen und aufkochen, ständig rühren, damit nichts anbrennt. Zucker, Sirup, Ingwer, Knoblauch und Gewürznelken, Chilis und frischen Koriander hinzugeben, ca. 5 Min. köcheln.
In einer Pfanne das Öl erhitzen und die schwarzen Senfkörner hineingeben, kurz anbraten und dann alles zusammen mit der Tomatenmischung kochen bis das Chutney langsam andickt. Abkühlen und zu diversen Speisen servieren.
Im Kühlschrank in einem fest verschlossenem Glas ist es ca. 3 - 4 Wochen haltbar.

Sabzi – Pakoras (Kichererbsen Bällchen mit Gemüse - Füllung)

Menge für ca. 30 Bällchen

Pakoras sind kleine Kichererbsen Bällchen, die zu jedem indischen Menü gereicht werden. Sie bestehen aus einem Teig, entfernt vergleichbar mit einem „Bierteig“, der wie folgt zubereitet wird:

für ca. 30 Bällchen

1 Tasse Besan (Kichererbsen Mehl)
½ Tasse Reismehl
½ TL Backpulver
½ TL Cayennepfeffer
1 TL Salz
1 TL Kurkuma
1 TL gem. Koriander
Wasser

Alles in eine Schüssel sieben und gut vermischen (Gabel od. Schneebesen)

Den Teig mit kaltem Wasser anrühren, das Wasser in kleinen Rinnsalen zugeben und dabei rühren bis sich eine leicht dickflüssige Konsistenz ergibt, dann die Füllung einstreuen und alles gut mischen.

Füllung:

Es können Gemüseteile wie Auberginen, Zucchinis, Blumenkohl, Zwiebeln, Spinat, etc. verwendet werden. Die Gemüse waschen und in mundgerechte Stücke schneiden, den Spinat grob hacken.

In einem Wok Pflanzenöl auf ca. 175° erhitzen, (Streichholzprobe!) dann die Mischung löffelweise hineingeben so dass sich kleine Inseln bilden, nach ca. 2 Min wenden bis alles schön goldbraun aussieht, dann mit einem Schöpflöffel herausnehmen und auf Küchenpapier abtropfen lassen.

Wenn Du verschiedene Pakoras mit verschieden Füllungen machen willst, dann solltest Du den Teig mit den Füllungen in verschiedenen Schüsseln vermischen.

Die Pakoras können warm oder auch kalt serviert werden, auf jeden Fall sollten dazu Raitas (Joghurtspeisen) gereicht werden.

Kheera ka Raita (Gurken- und Tomaten Raita) f. 4 Portionen

1/2 Salatgurke
1 EL fein gehackte Zwiebeln
1 feste, reife Tomate
1 EL feingehackter frischer Koriander, ersatzweise glattblättrige Petersilie
1 TL Salz
1 TL gem. Koriander *
1 Prise Cayennepfeffer
ca. 0,35 l Joghurt

Die Gurke waschen und schälen, längs halbieren und die Samen mit einem Teelöffel heraus schaben. Dann in schmale Streifen schneiden und in ca. 0,5 cm große Stücke hacken. Die Tomate in ca. 1 cm große Würfel schneiden (vorher den Stengelansatz mit einem spitzen Messer herausschneiden).
Den Joghurt in eine kleine Schüssel geben, die Gewürze hinein rühren und die Gurken, Tomaten und den Koriander* vorsichtig untermischen.
Vor dem Servieren wieder gut kaltstellen.

* Wenn Du den Koriander vorher in einer kleinen Pfanne anröstest, dann ist der Geschmack intensiver!

Alles kann natürlich abgeschmeckt und entsprechend nachgewürzt werden.

Roghan Josh (Lamm-Curry)

alles für 4 Personen

Ca. 1 Kg mageres Lammfleisch, am besten Keule in mundgerechte Stücke schneiden, vorher Fett und Sehnen gut entfernen (in guten türkischen Schlachterläden vom „Kesap“ dem Schlachterr, auslösen lassen, dann ist die meiste Arbeit schon getan),
1 Zwiebel (mittlerer Größe), fein gehackt,
¼ TL Cayenne Pfeffer,
1 TL Salz,
¼ Ltr. Joghurt,
¼ Ltr. Wasser,
1 EL frische Ingwerwurzel, fein gehackt,
½ TL Kurkuma (Gelbwurz, gemahlen),
2 EL frischen Koriander, fein gehackt,
½ TL Garam Masala,
1 gute Prise Muskatnuss, frisch gemahlen,
4 – 5 EL Ghee (Butterfett) oder Erdnussöl,
schwarzer Pfeffer, frisch gemahlen.

Zuerst das Lammfleisch in eine Schüssel legen und gleichmäßig mit Cayennepfeffer-, Salz-, Ingwer-, Joghurt – Mischung marinieren, ca. 1 Std., im Kühlschrank 2 Std.

In einem Wok od. ählichem Gefäß, das Ghee erhitzen, bis ein hineingespritzter Wassertropfen zischt, dann eine reichliche Prise frisch gemahlenen schwarzen Pfeffer und Kurkuma einrühren, Zwiebel hinzugeben und unter ständigem Rühren nichts anbrennen lassen. Das Lammfleisch mit Marinade hinzugeben und von allen Seiten gut anbraten. Die Hitze reduzieren und zugedeckt ca. 1 Std. lang auf kleiner Flamme garen lassen.

Das Lammfleisch mit dem gehackten Koriander bestreuen und die Hälfte des Wassers an den Rändern hinzugeben, weitere 15 Min. ziehen lassen, immer wieder nachschauen, Wasser dazugeben, umrühren und probieren ob das Fleisch schon schön zart ist.

Same khi Bhaji gebratene, grüne Bohnen mit Kokosnuss,

400 g grüne Bohnen
2 EL Ghee
½ L Salz
½ TL Kurkuma
¼ TL Cayennepfeffer
1 TL Koriander
¼ Tasse geraspelte Kokosnuss (Kokosflocken)

Die Bohnen waschen, die Enden entfernen und in ca. 3 cm große Stücke schneiden. In einem Topf das Ghee erhitzen, Salz, Kurkuma und Cayennepfeffer hinzugeben, kurz umrühren und die Bohnen hineingeben. Gut umrühren bis alle Bohnen gut überzogen sind. 5 Min. zugedeckt köcheln, dabei aufpassen, daß nichts anbrennt, gelegentlich schütteln. Kokosraspeln und Koriander hinzugeben und weitere 5 Min. zugedeckt köcheln. Bis zum Servieren warmhalten und beiseitestellen.

Basmati-Reis

1 Tasse Basmatireis,
4 Tassen Wasser,
1 TL Kurkuma
1 TL Salz,
1 TL Ghee,

Den Reis mehrmals waschen, bis das Wasser fast klar bleibt, zusammen mit dem kalten Wasser in einen Topf geben, Salz, Ghee und Kurkuma hinzugeben und alles zum Kochen bringen. Der Reis soll im Topf tanzen und nach ca. 15 Min. fertig sein, ein Reiskorn zwischen die Finger nehmen und es sollte sich leicht zerdrücken lassen, aufpassen, nicht zu lange kochen, sonst wird's „Klebreis". Falls noch Wasser im Topf vorhanden, abgießen und im Topf, mit einem Handtuch zwischen Topf und Deckel, warmhalten.

Zum Servieren einen vorgewärmten Teller nehmen, zuerst den Reis in eine runde Tasse füllen und umgestürzt auf die Mitte des Tellers platzieren, das Fleisch und die Gemüsesorten herum drapieren, zum Schluss kann man das Fleisch mit einer Prise frisch gemahlener Muskatnuss schmücken und mit einem oder zwei Stängelchen glattblättriger Petersilie dekorieren.

Zur Verfeinerung kann man in den Kochtopf ganze Kreuzkümmelsamen oder schwarze Senfkörner hinzugeben, die das Reisaroma verfeinern.

Bengal – Dream

400g Mascarpone
300 g Sahne
1 Dose Kokoscreme
3 EL braunen Zucker
50 g Baiser, weiß
50 g Kokosraspeln
1 Mango
1 Banane
1 Kiwi
Zitronensaft

Die Kokoscreme mit Mascarpone gut vermischen, den Zucker dazugeben. Die Sahne steif schlagen und vorsichtig unter die Mascarponemischung heben.

Die Baisers in einem Gefrierbeutel zerkrümeln und mit den Kokosraspeln vermischen.

Die Mango, Banane u. Kiwi schälen und in mundgerechte Stück schneiden, (die Bananenstücke mit etwas Zitronensaft beträufeln, damit sie nicht braun werden).

In Cocktailgläser, besser in Pokale das untere Fünftel mit der Creme befüllen, darauf eine Schicht Früchte und wieder eine Schicht Creme wieder eine Schicht Früchte und die letzte Schicht der Creme obenauf geben, alles mit der Baiser-Kokosmischung bestreuen dazu einige Früchte als Dekoration und kalt servieren.

Eine andere Dessert-Variation

2. Indisches Menü

Als Starter:

Moong Papadoms m. Mango - Chutney

(Knusperbrot aus Kichererbsenmehl)

Samosas mit Auberginen Raita

(Frittierte Teigtaschen dazu Yoghurtspeise)

Als Hauptgang:

Hähnchencurry mit Basmatireis

Same Ki Bhaji

(Gebratenes Gemüse aus Möhren, Zucchini und Blumenkohl)

Dessert:

Alebele (Goaner)

Moong Papadoms mit Mango - Chutney

Die Papadoms beim Inder kaufen und in der Mikrowelle 1 Min. aufbacken, Mango-Chutney ebenfalls gleich vom Inder mitbringen.

Samosas Gefüllte, frittierte Pasteten), für ca. 30 kleine Samosas

225 g Weizenmehl (Typ 1000)
½ TL Salz
2 EL Ghee
Ca. 1/8 l kaltes Wasser
Füllung
Pflanzenöl zum Frittieren

Mehl m. Salz u. erwärmten, flüssiges Ghee in eine Schüssel geben und zwischen den Fingern verreiben. Zu der flockigen Substanz ca. 6 - 8 EL Wasser über die Masse gießen und kräftig kneten und die Enden immer wieder zur Mitte falten und erneut kneten, ca. 10 Min. lang, bis der Teig schön elastisch ist. Zum Schluss zu einem Ball formen, mit Ghee bestreichen u. bis zum Gebrauch m. einem Tuch zudecken.

Vom Teig ein kleines Stück abstechen und zu einem, 3cm Durchmesser, kleinen Ball rollen. Auf einem m. Mehl bestreuten Brett ausrollen bis eine etwa 10 Durchmesser große Fläche entsteht. Diese in der Mitte halbieren, die Ränder m. Wasser anfeuchten, je einen TL Füllung darauf geben und die Enden zu einem Dreieck schließen und in einem Wok m. Pflanzenöl ca. 2 – 3 Min. frittieren. Zum Warmhalten in die vorgeheizte Backröhre geben. Serviert werden die Samosas mit Raita (Joghurtspeisen) od. Chutneys.

Gemüsefüllung:

200 g Kartoffeln, fest kochend
50 g frische Erbsen, od. TK
½ Tasse Zwiebeln, feingehackt
2 TL frischen Ingwer, feingehackt
1 TL Fenchelsamen ¼ TL Kreuzkümmel
¼ TL Kurkuma ½ TL Salz
½ TL schwarze Senfkörner
1 Prise Cayennepfeffer
1 EL Wasser
2 El Pflanzenöl
½ TL Garam Masala
1 EL frischen Koriander, feingehackt

Die Kartoffeln aldente kochen, abtropfen, pellen und in ca. 1 cm große Würfel schneiden. In einem Wok o.ä., das Pflanzenöl erhitzen wie oben, Senfkörner hinzugeben, wenn sie anfangen zu platzen, Zwiebeln u. Ingwer hinein und ca. 6 – 8 Min. rühren bis die Zwiebeln leicht bräunlich sind. Fenchel, Kümmel u. Gelbwurz dazu und weiter rühren. Kartoffeln, Erbsen, Wasser u. Salz hinzufügen und vorsichtig umrühren. Deckel drauf, Hitze reduzieren u. 5 Min. ruhen lassen, dann frischen Koriander dazu u. weitere 10 Min. garen lassen, bis die Erbsen weich sind. Cayennepfeffer u. Garam Masala hinein, umrühren, ggf. abschmecken.

Murg – Kari Hähnchen-Curry

Zutaten:

Ca. 800 g Hähnchenbrustfilet
1 größere Zwiebel ca. 250 g, fein gehackt
2 Knoblauchzehen, fein gehackt
3 cm frischen Ingwer, fein gehackt
3 TL Salz
schwarzer Pfeffer aus der Mühle
1 TL Kurkurma
1 TL Cayennepfeffer
1 TL gem. Koriander
1 TL gem. Kreuzkümmel
¼ TL Fenchelsamen
1 TL Garam Masala
1 EL frischer Zitronensaft
300 g Tomaten, fein gehackt
2 EL frischer, feingehackter Koriander
1/8 Ltr. Yoghurt
1/8 Ltr. Wasser
Pflanzenöl od. Ghee zum Anbraten

Zubereitung: (Ca. 30 – 45 Min, einfach)

Die Hähnchenbrustfilets waschen u. abtrocknen, ggf. lose Fleisch- u. Fettteile abschneiden, in kleine Würfel schneiden max. 3 x 3 cm, in einer flachen Schüssel mit 2 TL Salz und einigen kräftigen Drehs bestreuen.

In einem Wok oder einer mittelgroßen Pfanne 3 EL Öl bzw. Ghee erhitzen (Streichholzprobe), die marinierten Hähnchenstücke von allen Seiten scharf anbraten, dabei immer wenden damit nichts anbrennt. Mit einer Schöpfkelle die angebratenen Stücke herausnehmen und beiseitestellen.
In der Zwischenzeit die Zwiebeln u. Knoblauch schälen und fein hacken, den Ingwer putzen und auch fein hacken, frischen Koriander die Stängel abschneiden und fein hacken.

In dem verbliebenen Öl, ggf. etwas nachfüllen, Zwiebeln, Knoblauch und Ingwer anbraten bis die Zwiebeln weich und leicht goldbraun sind. Immer schön aufpassen daß nichts anbrennt. Die Temperatur reduzieren, das restliche Salz und die Gewürze (außer Garam Masala), 1- 2 EL Wasser, die Tomaten, 1 EL Koriander und Joghurt hinzugeben und ca. 2 Min. weiter rühren.
Die Hähnchenteile mit dem gebildeten Saft und restlichem Wasser hinzugeben und alles zum Kochen bringen. Umrühren, damit alles gut vermischt ist. Den restlichen Koriander und Garam Masala oben drauf streuen und den Topf fest

schließen. Die Hitze auf niedrige Temperatur reduzieren und alles ca. 20 Min köcheln lassen bis das Fleisch zart ist aber noch nicht zerfällt.
Zum Servieren des Currys mit Zitronensaft beträufeln.

Same Ki Bhaji Gebratenes Gemüse aus Möhren, Zucchini und Blumenkohl

Zutaten:

4 mittelgroße Möhren
2 mittelgroße Zucchinis
1 mittleren Blumenkohl
1 Zwiebel
1 EL frischen Ingwer, fein gehackt
1 TL Salz
½ TL Kurkuma
1 TL schwarze Senfkörner
1 Prise Cayennepfeffer
1 EL Ghee

Die Möhren putzen, die Enden abschneiden, längs vierteln und in ca. 2 cm lange Stücke schneiden, die Zucchinis waschen, die Enden abschneiden und in ca. 1 cm dicke Scheiben schneiden, vom Blumenkohl kleine Röschen abschneiden, kurz abspülen. Die Zwiebel fein hacken, ebenso den Ingwer.

In einer Pfanne das Ghee erhitzen, bis ein hineingegebener Wassertropfen zischt. Die Zwiebeln glasig anbraten, den Ingwer hinzugeben und ca. 2 Min. weiter braten, die Gewürze einrühren, gut vermengen danach die Möhren und den Blumenkohl dazugeben, alles gut wenden, zudecken und ca. 5 Min. köcheln (evtl. etwas Wasser hinzufügen). Jetzt die Zucchinis hinein, wieder gut umrühren und weitere 5 – 8 Min. köcheln, abschmecken, ggf. nachwürzen.

Dazu Basmati – Reis servieren.

Alebele (Goaner) Pfannkuchen mit würziger Kokosnussfüllung

für ca. 10 gefüllte Pfannkuchen

Zutaten:

200 g Weizenmehl
1 Ei
2/3 Ltr. Milch
1/8 TL Salz
3 EL Ghee

Alle Zutaten in einer Schüssel mit einem Schneebesen gut vermengen bis eine Bierteigähnliche Masse entsteht, für ca. 20 Min. zur Seite stellen. Danach Ghee in einer mittelgroßen Pfanne 18 cm, erhitzen, mit einer Schöpfkelle den Teig hinzugeben und über den Pfannenboden verteilen. Wenn der Teig stockt, mit einem Wender umdrehen und braten bis ein dünner Pfannkuchen entseht. Fertige Kuchen auf einem Teller warmhalten.

Füllung:

4 EL feiner brauner Zucker
1 Tasse feingeriebene Kokosnuss (ersatzweise Kokosflocken)
1 TL geputzte, feingehackte Ingwerwurzel
½ TL Anissamen
5 EL Honig od. heller Sirup

Alle Zutaten mit den Fingern gut vermischen bis eine sämige Konsistenz entsteht, mit einem Esslöffel am Rand eines Pfannkuchens die Mischung auftun und vorsichtig zusammenrollen. Pro Portion sollte mindestens 1 Röllchen auf einen Dessert-Teller gegeben werden, das mit Dekosoße optisch verschönt werden kann. Eine Kugel Vanille-Eis dazu ist eine leckere Variante.

3. Indisches Menü

Als Starter:

Chillie - Papadoms m. Gewürz - Chutney

(Knusperbrot aus Kichererbsenmehl)

Vorspeise

Dal – Süppchen

(Eine glückliche Ehe zwischen Ost und West)

Samosas mit feinem Minz Raita

(Frittierte Teigtaschen dazu Yoghurtspeise)

Als Hauptgang:

Swar Mas ka Vindalu

(Schweinefleisch - Curry)

dazu

Möhren und Blumenkohl - Gemüse

Dessert:

Flambierte Bananen an Pistazien-Eis

Chili - Papadoms m. Gewürz - Chutney

(Knusperbrot aus Kichererbsen Mehl)

Chili – Papadoms aus dem Asia – Shop, in der Mikrowelle 1 Min. od. in einer großen Pfanne anbraten, bis sie völlig aufgegangen sind. Dazu gleich vom Asia – Shop das Gewürz Chutney mitbringen und in kleinen Schälchen zu den Papadoms servieren.

Dal – Süppchen „Eine glückliche Ehe zwischen Ost und West" (Yogi Vithaldas)

Zutaten:

1 Tasse gespaltene, gelbe Erbsen (moong-dal)
8 Tassen Wasser
1 TL Salz
2 EL Ghee (Butterfett)
1 TL Gelbwurz (Tumeric bzw. Kurkuma)
½ TL Cayennepfeffer
1 TL Kümmel
4 ganze Nelken
1/2 TL schwarze Senfkörner
1 Zwiebel, fein gehackt
2 EL frischen Ingwer, geputzt und fein gehackt
1/8 Ltr. Schlagsahne
frische Minzblätter zur Dekoration

Das Dal gut waschen und in einem ca. 3 Ltr. fassendem Topf mit dem Salz zusammen kochen, je nach dem so 30 – 50 Min.

In einer kleinen Pfanne das Ghee erhitzen, bis ein hineingegebener Wassertropfen zischt, dann die Gewürze, die Zwiebeln und den Ingwer hinzugeben, ca. 4 -6 Min. unter ständigem Rühren anbraten, aufpassen, dass nichts anbrennt. Von der „Flamme" nehmen und vorsichtig einen kleinen Teil der Dal Flüssigkeit hinzugeben (Vorsicht, es spritzt!), alles zusammen zurückgeben in den Dal – Topf.
Solange kochen bis das Dal schön weich ist, abschmecken und ggf. nachwürzen (Salz, Pfeffer).

In eine Suppentasse füllen und von der geschlagenen Sahne einen Klecks hineingeben und mit einem Minzeblatt dekorieren!

Samosas (Gefüllte, frittierte Pasteten) für ca. 30 kleine Samosas

Zutaten:

225 g Weizenmehl
½ TL Salz
2 EL Ghee
ca. 1/8 l kaltes Wasser
Füllung
Pflanzenöl zum Frittieren

Mehl m. Salz u. erwärmten, flüssigen Ghee in eine Schüssel geben und zwischen den Fingern verreiben. Zu der flockigen Substanz ca. 6 - 8 EL Wasser über die Masse gießen und kräftig kneten und die Enden immer wieder zur Mitte falten und erneut kneten, ca. 10 Min. lang, bis der Teig schön elastisch ist. Zum Schluss zu einem Ball formen, mit Ghee bestreichen u. bis zum Gebrauch m. einem Tuch zudecken und ca. 1 Stunde bei Zimmertemperatur ruhen lassen.

Vom Teig ein kleines Stück abstechen und zu einem, 3 cm Durch-messer, kleinen Ball rollen. Auf einem m. Mehl bestreuten Brett ausrollen bis eine etwa 10 cm Durchmesser große Fläche entsteht. Diese in der Mitte halbieren, die Ränder m. Wasser anfeuchten, je einen TL Füllung darauf geben und die Enden zu einem Dreieck schließen. In einem Wok Pflanzenöl erhitzen (Streichholzprobe!) die Samosas hineingeben und ca. 2 – 3 Min. frittieren bis sie goldbraun sind.
Zum Warmhalten in die vorgeheizte Backröhre geben.
Serviert werden die Samosas mit Raita (Yoghurtspeisen) od. Chutneys.

Lammfüllung:

1 EL frischen Ingwer, feingehackt
1 EL Knoblauch, feingehackt
1/2 Tasse Zwiebeln, feingehackt
250 g Lammhack
1 Tl Salz
½ Tl Cayennepfeffer
1 Tl Garam Masala

In einem Wok o.ä., das Pflanzenfett erhitzen, bis ein hinein gespritzer Wassertropfen zischt. Ingwer, Zwiebeln, Knoblauch u. Salz hinzugeben u. ca. 7 – 8 Min. brutzeln, bis die Zwiebeln leicht bräunlich sind. Das Lammhack hinein geben und alles gut vermischen u. so lange braten, bis das Hack keine rosa Stellen mehr aufweist. Garam Masala u. Cayennpfeffer dazugeben, Deckel drauf und ca. 20 Min. bei geringer Hitze garen lassen, gelegentlich umrühren.

Feines Minz-Raita

50 g frische Minzblätter, ohne Stiele
1 – 1 1/2 Bananen
350 ml Joghurt
1 TlL braunen Zucker
1 EL Blütenhonig, flüssig
1 TL Zitronensaft
1 Prise Cayennepfeffer
1 Prise Salz
1 Prise Garam Masala (hell)

Die Minzblätter von den Stielen abzupfen, waschen, trocknen und klein hacken. In einem Mörser mit 1 TL braunem Zucker fein zerstoßen.
Die Banane(n) schälen und grob zerkleinern, mit dem Joghurt, der Minzpaste und den anderen Zutaten in einem Mixer sehr fein zerkleinern.
Abschmecken und vor dem Servieren kaltstellen. In kleinen Schälchen zu Papadoms oder Pakoras reichen.

Swar Mas ka Vindalu (Schweinefleisch Curry)

Zutaten:

ca. 0,8 Kg Schweinefilet, in mundgerechte Stücke schneiden,
1 EL frischer Zitronensaft,
2 TL Salz,
½ TL frisch gemahlener schwarzer Pfeffer,
2 EL Ghee od. Pflanzenöl
150 g feingehackte Zwiebeln,
1 TL Kurkuma (Gelbwurz, gemahlen),
1 EL frischen Koriander, fein gehackt
1/8 Ltr. Wasser,
100 ml Kokosmilch

Das Fleisch in eine Schüssel geben, mit Zitronensaft vorsichtig beträufeln, mit 1 TL Salz und dem Pfeffer bestreuen, alles gut untermischen und marinieren lassen. Im Kühlschrank ca. 2 Std., bei Zimmertemperatur ca. 1 Std.

In einem ca. 2 Ltr. fassendem Topf (od. Wok) das Öl erhitzen, bis ein hineingespritzter Wassertropfen zischt, das Fleisch hineingeben und von allen Seiten gut anbräunen, aufpassen, damit nichts anbrennt. Das Fleisch mit dem Saft herausnehmen und in einer Schüssel beiseitestellen.

In dem gleichen Topf mit etwas Ghee od. Öl, die Zwiebeln anbraten bis sie weich und leicht gebräunt sind, Kurkuma, das restliche Salz und das **Masala** hinzugeben (mit ca. 1/8 Ltr. Wasser den Mixaufsatz nachspülen und den Inhalt in den Topf geben), alles zusammen bei starker Hitze ca. 10 Min. gut aufkochen, die Flüssigkeit etwas reduzieren bis die Mischung eine leicht dickflüssige Konsistenz hat.

Nun das Fleisch mitsamt der sich angesammelten Flüssigkeit in den Topf geben, und mit dem restlichen Wasser auffüllen bis das Fleisch bedeckt ist, aufkochen, danach die Temperatur reduzieren und zugedeckt ca. 30 Min köcheln lassen, bis das Fleisch schön weich ist aber noch nicht zerfällt. Kurz vorher den frischen Koriander einstreuen und umrühren. Bei Bedarf etwas Kokosmilch hinzugeben, abschmecken u. ggf. nachwürzen.

Zum Servieren, das Fleisch um eine halbe „Reiskugel“ auf einer Tellerhälfte anrichten und das Gemüse hinzugeben. Mit Petersilienstängel dekorieren.

Dazu Basmatireis

Schweinefleisch Curry mit Basmatireis und gebratenem Gemüse

Möhren und Blumenkohl

Zutaten:

4 mittelgroße Möhren, putzen, vierteln,in ca. 3-4 cm lange Stücke schneiden
½ Blumenkohl, kleine Röschen abschneiden
1 Zwiebel, fein gehackt,
2 TL frische Ingwerwurzel, geputzt und fein gehackt,
¼ TL Cayennepfeffer,
½ TL Kurkuma,
½ TL Salz,
1 TL schwarze Senfkörner,
4 EL Ghee,

Das Ghee in einen Topf od. Wok geben, wenn es heiß genug ist, die Gewürze, Zwiebeln und Ingwer hinzugeben, gut rühren aufpassen, dass nichts anbrennt, nach ca. 4 – 5 Min. die Möhren hinzugeben, zudecken und ca. 5 Min. auf kleiner Flamme köcheln lassen, danach die Blumenkohlröschen einfügen, gut umrühren und zugedeckt weitere 5 – 8 Min. köcheln lassen, bis alles „al dente" ist, aus dem Topf nehmen und warm halten, oder ein Handtuch zwischen Topf und Deckel geben und im Topf warm halten.

Gebratenes Gemüse mit Parathas und Raita

Flambierte Bananen an Pisztazieneis

Zutaten:

4 feste Bananen
80 g Butter
1 Orange (Schale unbehandelt)
1 Limette
80 g braunen Zucker
5 cl Grand Marnier
5 cl hochprozentigen Rum
4 Kugeln Pisztazieneis
frische Minze zum Dekorieren

Die Bananen schälen und der Länge nach halbieren. Die halbe Butter in einer Pfanne erhitzen, die Bananen hineingeben und jede Seite braun anbraten, dabei aufpassen, dass sie nicht zerfallen. Die Pfanne vom Herd nehmen.

Von der Orange die Schale abreiben, danach Orange und Limette entsaften. Die restliche Butter in einer anderen Pfanne erhitzen, Zucker und Orangenschale hinzufügen und leicht karamellisieren lassen, die Säfte hineingeben und ein paar Minuten einkochen lassen. Die Pfanne vom Herd nehmen, den Rum hinzufügen, die Pfanne etwas schräg halten und vom Pfannenrand her entflammen! Vorsicht! Nachdem die Flamme erloschen ist, die Bananen mit Sauce aus der anderen Pfanne hinzugeben, Grand Marnier hinzufügen, kurz aufkochen und heiß servieren.
Dazu auf einen Dessert-Teller je zwei Bananenhälften um eine Kugel Pisztazieneis herum anrichten und mit einem Blatt frischer Minze dekorieren.

Hier noch einige weitere Rezepte, die sich gut zu einem Menü zusammen stellen lassen, oder auch solo gegessen werden können.

Vorspeisen:

Ekuri (Parsen) gewürztes Rührei

6 Eier
4 EL Milch
½ TL Salz
¼ TL frische gem. Pfeffer
3 EL Ghee
1 TL frischen Ingwer, geputzt u. fein gehackt
3 EL fein gehackte Zwiebel
3 EL feingehackter, frischer Koriander
¼ TL Kurkuma
1 Tomate, fein gehackt, 1 Tomate, geviertelt zum Dekorieren
2 TL feingehackte, frische Chilischote
½ TL gem. Kreuzkümmel

Eier in einer Schüssel mit Milch, Salz, Pfeffer mit einem Schneebesen fein schlagen bis alles gut vermischt ist (nicht schaumig schlagen!)
In einer Pfanne ca. 25 cm Durchmesser das Ghee erhitzen, den Ingwer und die Zwiebeln hinzufügen und ca. 3 – 4 Min. gut rühren bis die Zwiebeln weich, aber nicht braun sind. Dann Tomaten, Chilis, Kurkuma und 2 TL Koriander hinzufügen und alles gut rühren, so damit eine leicht zähe Masse entsteht.
Die Hitze stark reduzieren und die Eimischung dazugeben, gut vermischen und ständig rühren bis die Eier zu einer cremigen Masse stocken.
Auf vorgewärmten Tellern servieren und mit dem restlichen Koriander und geviertelten Tomaten dekorieren.

Aloo – Pakora (frittierte Kartoffelchips, f. ca. 10 Bällchen)

½ Tasse Kichererbsenmehl
¼ Tasse Reismehl
¼ TL Backpulver
6 EL kaltes Wasser
1 Zwiebel, geschält, längs halbiert und in dünne Streifen geschnitten
1 Tasse Kartoffeln, geschält u. fein gehackt
3 EL frischer Koriander, fein gehackt
½ TL Kreuzkümmel, gemahlen
¼ TL Chili, gem.
1 TL Salz
Pflanzenöl zum Frittieren

Die Mehlsorten mit dem Backpulver durch ein Sieb in eine Schüssel sieben, (sieben deshalb, damit sich keine Klümpchen bilden) die Gewürze mit einem Schneebesen untermischen, das Wasser in kleinen Rinnsalen zugeben und alles gut miteinander vermengen bis sich ein leicht zäher, aber noch flüssiger Teig bildet, ggf. noch etwas Wasser hinzufügen.

Jetzt die Zwiebeln und Kartoffeln untermengen, bis alles gut von dem Teig bedeckt ist.

In einem Wok das Pflanzenfett erhitzen (ca. 175°, entspricht etwa der „Streichholzprobe"), die Teigmischung EL- weise hineingeben und ca. 5 – 7 Min. frittieren bis sie rundum goldbraun sind, gelegentlich wenden. Mit einem Schaumlöffel herausnehmen und auf eine Schüssel mit Küchenkrepp zum Abtropfen legen.

Die Pakoras können heiß, warm oder auch kalt serviert werden, dazu gehört normalerweise ein Raita, eine Yoghurtspeise. In Indien werden Sie als kleine Snacks oder auch als Beilage zu einem Menü serviert.

Palak – Pakoras (Kichererbsenbällchen mit Spinatfüllung)

für ca. 20 Bällchen

1 Tasse Besan (Kichererbsenmehl)
½ Tasse Reismehl
½ TL Backpulver
½ TL Cayennepfeffer
1 TL Salz
1 TL Kurkuma
1 TL gem. Koriander
Wasser

alles gut miteinander in einer Schüssel vermischen (Gabel od. Schneebesen)

250 g Blatt-Spinat

Den Spinat für die Füllung gut waschen und grob klein hacken.

Den Teig mit kaltem Wasser anrühren, das Wasser in kleinen Rinnsalen zugeben und dabei rühren bis sich eine leicht dickflüssige Konsistenz ergibt, ähnlich einem Bierteig, dann die Füllung einstreuen und alles gut mischen.

In einem Wok Pflanzenöl erhitzen, bis ein hineingegeben Wassertropfen zischt, dann die Mischung löffelweise hineingeben so dass sich kleine Inseln bilden, nach ca. 2 Min wenden bis alles schön goldbraun aussieht, dann mit einem Schöpflöffel herausnehmen und auf Küchenpapier abtropfen lassen.

Wenn Du verschiedene Pakoras mit verschieden Füllungen machen willst, dann solltest Du den Teig mit den Füllungen in verschiedenen Schüsseln vermischen, bzw. mit der Gemüsesorte beginnen, die die längste Garzeit hat.

Als Gemüse - Füllung eigenen sich Auberginen, Zucchinis, Blumenkohl, Zwiebelringe, Gemüsefüllung aus gekochten Kartoffeln mit Erbsen, wie für die Samosas.

Als Nachtisch kann man auch Bananen in 1 cm dicke Scheiben geschnitten, verwenden, sie dann mit Honig beträufeln und servieren.

Gemüsevariationen:

Fenchel

1 Fenchelknolle, die Stängel abschneiden und ggf. von Blättern entfernen, die Stängel in ca. 3 cm lange Stücke schneiden und die Knolle in mundgerechte Stücke,
1 Zwiebel, fein gehackt,
2 TL frische Ingwerwurzel, geputzt und fein gehackt,
¼ TL Cayennepfeffer,
½ TL Kurkuma,
½ TL Fenchelsamen, geröstet und im Mörser zerstampft,
½ TL Salz,
3 EL Ghee,

Das Ghee in einen Topf od. Wok geben, wenn es heiß genug ist, die Gewürze, Zwiebeln und Ingwer hinzugeben, gut rühren aufpassen, dass nichts anbrennt, nach ca. 4 – 5 Min. die Fenchelstücke hinzugeben, alles gut umrühren und zugedeckt ca. 7 Min. köcheln lassen, dabei immer mal wieder umrühren. Danach herausnehmen und warmhalten.

Gobhi (Blumenkohl – Curry)

1/8 l Pflanzenöl
½ TL schwarze Senfkörner
½ TL Kreuzkümmel
½ Tasse Zwiebel, fein gehackt,
1 EL frische Ingwerwurzel, geputzt und fein gehackt,
½ TL Kurkuma,
½ TL Salz,
1 Blumenkohl, gewaschen, geputzt, in Röschen zerteilt,
125 g Tomaten, fein gehackt
1 scharfe, grüne Chilischote, fein gehackt (Samen entfernen!!)
½ TL gem. Kreuzkümmel
½ TL Zucker
2 EL feingehackter, frischer Koriander
1 EL Ghee,

Das Pflanzenöl in eine ca. 5 Ltr. fassende Kasserolle geben, wenn es heiß genug ist,
die Senfkörner, Kreuzkümmel, Zwiebeln und Ingwer hinzugeben, ca. 1 Min. rühren, dann Salz und Kurkuma hinzugeben, ca. 4 Min. weiter rühren.
Den Blumenkohl hinzugeben und alles schön wenden, damit alle Röschen gleichmäßig mit der Mischung überzogen sind. Tomaten, Chilischote,

gem. Kümmel, Zucker u. 1 EL gehackten Koriander untermischen.
Auf mittlerer Flamme garen bis der Blumenkohl weich ist aber noch nicht zerfällt.
Zum Servieren auf einen Teller zu dem Hähnchen und Reis geben, mit dem restlichen Koriander dekorieren.

Möhren Gemüse

4 mittelgroße Möhren, putzen, in ca. 3-4 cm lange Stücke schneiden und vierteln,
1 Zwiebel, fein gehackt,
2 TL frische Ingwerwurzel, geputzt und fein gehackt,
¼ TL Cayennepfeffer,
½ TL Kurkuma,
½ TL Salz,
1 TL schwarze Senfkörner,
4 EL Ghee,
1 TL braunen Rohrzucker,

Das Ghee in einen Topf od. Wok geben, wenn es heiß genug ist, die Gewürze, Zwiebeln und Ingwer hinzugeben, gut rühren aufpassen, dass nichts anbrennt, nach ca. 4 – 5 Min. die Möhren hinzugeben, zudecken und ca. 10 Min. auf kleiner Flamme köcheln lassen, danach mit etwas Zucker karamellisieren, aus dem Topf nehmen und warmhalten.

Sabzi Palki (Gebratener Spinat)

500 g frischen, großblättrigen Spinat, waschen, putzen und grob gehackt

¾ Tasse feingehackte Zwiebeln

2 EL geputzter, feingehackter, frischer Ingwer

1 TL Salz

½ TL gem. Kreuzkümmel

½ TL gem. Koriander

½ TL Kurkuma

½ TL Garam Masala

2 EL Pflanzenöl oder Ghee

Öl oder Ghee in einem Wok oder entsprechenden Topf erhitzen, bis ein hineingegebener Wassertropfen zischt, die Zwiebeln und den Ingwer anbraten, bis die Zwiebeln glasig und leicht gebräunt sind, die Gewürzmischung hinzugeben und alles gut vermengen. Den Spinat gut unterrühren und Deckel drauf. Bei mittlerer Hitze 2 – 3 Min. köcheln lassen und wenn der ganze Spinat zuerst nicht in den Topf gepasst hat, jetzt den Rest hinzugeben und weitere 2 – 3 Min. köcheln lassen.

Pilze

Ca. 250 g Pilze (Austernpilze, Champignons od. ähnl.), waschen und in kleine Stücke schneiden,
1 Zwiebel, fein gehackt,
2 TL frische Ingwerwurzel, geputzt und fein gehackt,
¼ TL Cayennepfeffer,
½ TL Kurkuma,
½ TL ganzen Kreuzkümmel
½ TL Salz,
3 EL Ghee

Das Ghee in einen Topf od. Wok geben, wenn es heiß genug ist, die Gewürze, Zwiebeln und Ingwer hinzugeben, gut rühren aufpassen, dass nichts anbrennt, nach ca. 4 – 5 Min. die Pilze hinzugeben, alles gut umrühren und zugedeckt ca. 7 Min. köcheln lassen, dabei immer mal wieder umrühren. Danach Wasser abgießen und warmhalten.

Sabzi Karhai (Indische Gemüsepfanne)

je 1 rote, gelbe und grüne Paprika
200 g braune Champignons
2 EL frischen Ingwer, geschält und fein gehackt
1 Zwiebel, mittelgroß und fein gehackt

1 TL braune Senfkörner
½ TL Salz
1 TL Kurkuma
¼ TL Cayennepfeffer
1 TL gemahlener Kreuzkümmel
3 EL Ghee

Die Paprika gut abwaschen, am besten warm, mittlings aufschneiden, auseinanderbrechen, Stiel und Innereien herausschneiden, Hälften innen auswaschen und in ca. 2 x 3 cm große Stücke schneiden und in einer Schüssel beiseitestellen. Champignons waschen, abtropfen und vierteln, in einer Schüssel beiseitestellen.
In einem mittelgroßen Topf das Ghee erhitzen bis ein hineingespritzter Wassertropfen sofort zischt, Zwiebeln hinzugeben und 3 – 5 Min. lang anbraten bis sie weich und leicht goldbraun sind, Ingwer dazugeben und weitere 2 Minuten rühren und aufpassen damit nichts anbrennt. Jetzt auf mittlere Hitze stellen und die Gewürze dazugeben, 1 Min weiterrühren. Die Gemüseteile dazugeben und alles gut miteinander vermischen. Topf zudecken und max. 10 Min. lang köcheln bis das Gemüse „aldente“ ist. Gelegentlich umrühren und abschmecken. Mit Reis und Fleischcurry zusammen heiß servieren und auf einem großen Teller anrichten und mit einem frischem Cilantroblatt (glattblättrige Petersilie) dekorieren. Schmeckt auch als Gemüsepfanne solo sehr gut.

Manh ki Dal (Linsengemüse)

200 g Urid Dal (aus dem Asia Shop)
1 L Wasser
2 TL Salz
½ TL Kurkuma
1 TL Cayennepfeffer
6 EL Ghee
½ Tasse fein gehackte Zwiebeln
1 EL Ingwer, feingehackt
1 TL gem. Koriander
½ TL gem. Kreuzkümmel
½ TL Garam Masala
2 EL frischen Koriander, fein gehackt ohne Stiele

Das Dal mehrmals waschen, bis das Wasser klar bleibt. In einem großen Topf mit Wasser, Salz, Kurkuma u. ½ TL Cayennepfeffer aufkochen, dabei gelegentlich umrühren und bei geringer Hitze solange halb zugedeckt kochen, bis das Dal weich ist.
In einer Pfanne das Ghee erhitzen, bis ein hineingespritzter Wassertropfen zischt, Ingwer, Zwiebeln, ½ TL Cayennepfeffer, gem. Koriander und Kreuzkümmel hineingeben, solange braten, bis die Zwiebeln weich und goldbraun sind.
Die Zwiebelmischung unter das gekochte Dal rühren und weitere 10 Min. köcheln. Bis zum Servieren warmhalten, mit Koriandergrün dekorieren.

Chutneys:
(gekochte)

Tomaten Chutney
für ca. ½ Liter

500 g feste Tomaten
¼ Ltr. Rotweinessig
200 g feingehackte Zwiebeln
4 cm Zimtstange
1 EL Salz
300 g braunen Zucker
1 EL dunkler Sirup
3 EL frischen Ingwer, fein gehackt
2 EL Knoblauch, fein gehackt
10 Gewürznelken
1 TL rote Chillies, fein gehackt
5 EL frischen Koriander, fein gehackt ohne Stiele
1 EL Sesamöl od. altern. Pflanzenöl
3 EL schwarze Senfkörner

Tomaten grob hacken und mit Zwiebeln, Zimt und Salz in einen Topf geben, mit Essig vermischen und aufkochen, ständig rühren, damit nichts anbrennt. Zucker, Sirup, Ingwer, Knoblauch und Gewürznelken, Chilis und frischen Koriander hinzugeben, ca. 5 Min. köcheln.

In einer Pfanne das Öl erhitzen und die schwarzen Senfkörner hineingeben, kurz anbraten und dann alles zusammen mit der Tomatenmischung kochen bis das Chutney langsam andickt. Abkühlen und zu diversen Speisen servieren.

Im Kühlschrank in einem fest verschlossenem Glas ca. 3 - 4 Wochen haltbar.

Mango Chutney

für ca. ½ Liter

2 fast reife Mangos, geschält, entkernt und das Fruchtfleisch in kleine Stück geschnitten
3 EL frische, grüne Paprika, fein gehackt
2 EL Knoblauch, feingehackt
3 EL frischen Ingwer, fein gehackt
2 Tassen braunen Zucker
1 EL dunklen Sirup
3 Tassen Rotweinessig
½ Tasse Rosinen
1 TL schwarze Senfkörner
1 EL Senföl, od. ähnl.

1 Tasse Rotweinessig in einen Topf geben, Ingwer, Knoblauch, Paprika und Zucker ca. 5 Min. kochen. Topf vom Herd nehmen.

In einem anderen Topf den restlichen Rotweinessig mit den Mangostücken zum Kochen bringen und die Mischung aus dem ersten Topf hinzugeben, alles zusammen aufkochen und bei geringer Hitze weiterkochen. In der Zwischenzeit in einer kleinen Pfanne mit etwas Senföl die Senfkörner kurz anbraten und mit den Rosinen zusammen 30 Min. nach Kochbeginn hinzufügen und solange weiterkochen, bis ein dickflüssiger Brei entsteht.
Gekühlt servieren, fest verschlossen in Gläsern hält es sich ca. 2 – 3 Wochen im Kühlschrank.

Minz – Chutney

(ungekocht)

1 Tasse frische Minze, gewaschen und fein gehackt
1 Schalotte, fein gehackt
1 frische Chilischote, entkernt, halbiert und fein gehackt
2 EL frischen Ingwer, fein gehackt
½ TL Salz
1 EL brauner Zucker
2 EL Zitronensaft
Wasser

Alle Zutaten in eine Schüssel geben, gut vermengen und mit so viel Wasser auffüllen, dass eine flüssige Konsistenz entsteht, mit Zucker abschmecken.

Hauptspeisen:

Murg Ilaychi (Kardamom-Hähnchen)

Masala:

4 große Kardamom-Schoten entsamen
10 cm Zimtstange, im Küchentuch m. Nudelrolle zerklopft
2 getrocknete, rote Chilis (Samen entfernen) und zerkleinert
3 große Knoblauchzehen
8 Gewürznelken
1 EL weißer Mohnsamen
1 EL Kreuzkümmel
3 ½ TL Salz
2 EL geputzte, feingehackte Ingwerwurzel
1/8 l Wasser
5 EL Ghee
2 große Tomaten, gehackt
2 große Zwiebeln, geschält und längs in hauchdünne Streifen geschnitten

Huhn:

4 Hähnchenschenkel und 4 Hähnchenbruststücke m. Haut
¼ Ltr. Joghurt
1/8 Ltr. kaltes Wasser
¼ TL Garam Masala

Zunächst das Masala zubereiten. Alle Gewürz-Zutaten (aber nur 1 TL Salz) in einem Mörser, Mixer oder einer elt. Kaffeemühle gut klein mahlen, bis alles recht pulvrig ist. Jetzt den Ingwer, Knoblauch und Wasser zugeben, weiter mixen bis ein feines Püree entsteht. Alles in einer Schüssel auffangen und beiseitestellen.
Die Hähnchenteile gut waschen, ggf. überschüssiges Fett und anderes „Gehängsel" abschneiden. Gut abtrocknen und die Brüste od. Hähnchen mit einer Geflügelschere längs halbieren und die Haut quer 3 – 4 mal ca. 1 cm tief einschneiden. Das Masala gut in die Schnitte einreiben und die Stücke mit der restlichen Mischung gut einreiben. Alles zudecken und ca. 60 Min. bei Zimmertemperatur marinieren.
In der Zwischenzeit in einer 5 l fassenden Kasserolle das Ghee erhitzen (Streichholzprobe), die Zwiebeln mit dem restlichen Salz gut anbräunen. Die Hähnchenteile hineingeben, alles mit dem Masala übergießen und anbraten, dabei häufiger wenden, ggf. noch etwas Wasser hinzufügen. Alles köcheln bis die Hähnchenteile weich sind aber noch nicht zerfallen. Zum Servieren warm halten.

Tali-Machli aur Tamatar (Fisch-Curry)

4 Fischsteaks (Dorsch, Rotbarsch, Kabeljau)

jedes ca. 200 g schwer und etwa 8 x 12 cm groß und 2 - 3 cm dick,

2 EL Zitronensaft

1 TL Salz

½ TL frisch gemahlener schwarzer Pfeffer,

die Steaks in einer Schüssel mit dem Zitronensaft beträufeln, Salz und Pfeffer mischen und damit einreiben, danach bei Zimmertemperatur ca. 20 Min. marinieren.

3 EL Pflanzenöl od. Ghee

½ Tasse feingehackte Zwiebeln

2 EL frischer, feingehackter Ingwer

½ TL Salz

¼ TL Cayennepfeffer

¼ TL Kurkuma (Gelbwurz)

2 TL gem. Koriander

375 g Fleischtomaten, grob gehackt

4 EL frischer Koriander, feingehackt (ersatzweise galttblättr. Petersilie)

¼ TL Garam Masala

In einer schweren Pfanne die Zwiebeln und Ingwer bei mittlerer Hitze im Öl od. Ghee anbraten, nach ca. 5 Min. die Gewürze (außer Garam Masala) hinzugeben und gut vermischen. Danach die Tomaten und Koriander hinzugeben, alles ca. 2 – 3 Min. braten, dabei immer gut verrühren. Die Mischung jetzt in eine Schüssel füllen und beiseitestellen.

Öl od. Ghee in die Pfanne geben, gut über den Boden verschwenken, die Fischsteaks von jeder Seite max. 2 Min. goldbraun anbraten, aus der Pfanne nehmen und in eine Auflaufform legen, mit der Tomatenmischung bestreichen, Garam Masala über jedes Filet streuen und bei ca. 200° vorgeheizten Backofen 10 – 12 Min. garen (Heißluft ca. 175 °).

Tali Machli

8 Seezungenfilets, je ca. 80 g in ca. 4 cm breite Stücke schneiden
4 EL Zitronensaft
4 TL Salz,
100 g Kichererbsenmehl, 50 g Reismehl, 1 TL Backpulver
1/2 TL gem. Koriander
1/2 TL Cayennepfeffer
ca. 9 EL Wasser
1 Zwiebel
1 grüne Chilischote
1 EL frischer Koriander, fein gehackt (ohne Stiele)
¼ TL Garam Masala
Pflanzenöl zum frittieren

Die Fischfilets waschen, säuern, salzen (1/2TL Salz)
Die Zwiebel schälen und längs halbieren, der Länge nach in dünne Streifen schneiden, mit 3 TL Salz bestreuen, wenden bis das Salz überall hingekommen ist, wegstellen. Vor dem Servieren, klar abspülen und mit Küchenkrepp trocken tupfen.

Das Mehl und die Gewürze in eine tiefe Schüssel sieben und alles gut mischen. Das Wasser in kleinen Rinnsalen von der Mitte aus hinzugeben, dabei gut rühren bis eine dickflüssige Substanz entstehet.

In einem Wok das Pflanzenöl erhitzen, bis ein hineingehaltenes Holzstäbchen kleine Bläschen abgibt. Die Filets in den Teig eintauchen, wenden bis alles gut überzogen ist. Mit einer Gabel in das heiße Öl geben, mehrere Stücke nebeneinander, ca. 2 Min. frittieren, umdrehen und weitere 2 Min. frittieren, bis alles goldbraun ist. Mit einer Siebkelle herausfischen, auf Küchenkrepp abtropfen lassen und in einem 80° vorgeheiztem Backofen bis zum Servieren warmhalten.

Die Zwiebelstreifen zum Servieren oben auf die Filets verteilen.

Machli (gebackene Fischfilets)

800 g Fischfilets
(Kabeljau-Loins, Seezungenfilets o.ä. feste Weißfisch-Filets)
1 große Zwiebel
4 TL Salz
120 g Kichererbsenmehl
40 g Reismehl
1 TL Backpulver
½ TL gem. Kreuzkümmel
½ TL Cayennepfeffer
9 EL kaltes Wasser
1 EL frischer Koriander, fein gehackt
¼ TL Garam Masala
Pflanzenöl zum Braten

Die Zwiebel schälen und quer in feine Ringe schneiden, mit 3 TL Salz bestreuen und beiseitestellen.

Den Fisch abspülen und mit Küchenkrepp trocken tupfen und in ca. 4 gleich große Portionen ca. á 200g teilen, alles auf eine Platte legen und mit ½ TL Salz von beiden Seiten bestreuen.

Mit dem Kichererbsenmehl und den anderen Zutaten, außer dem Garam Masala und dem frischen Koriander, einen sämigen Teig zubereiten, in dem später die Fischfilets eingetaucht und überzogen werden, um sie anschließend in einer großen Pfanne von jeder Seite ca. 2 Min. goldbraun anzubraten (je nach Dicke der Filets, kann es auch etwas länger dauern).

Am besten der Fisch wird sofort nach dem Braten serviert oder in einem ca. 80° Cel. vorgeheizten Backofen warmgehalten.

Zum Servieren platzieren wir den Fisch auf einem vorgewärmten Teller, bestreuen ihn mit dem gehackten Koriander und dem Garam Masala, die Zwiebelringe werden kalt abgespült, trocken getupft und um das Filet herum dekoriert.

Der Rest des Tellers kann z.B. mit Möhren, Kaiserschoten und Kichererbsen-Curry belegt werden. Tomatenmasala kann separat dazu gereicht werden.

Seekh Kebab (Gegrillte Hackfleisch-Spieße)

Zutaten:

500g Rinderhack
500g Lammhack
1 Ei
1 Tasse frischen Koriander, fein gehackt
1 grüne Chili, fein gehackt
1 mittelgroße Zwiebel, fein gehackt
4 Knoblauchzehen, fein gehackt
2 EL Kichererbsenmehl
1/4 TL Cayennepfeffer
2 EL Garam Masala
1 TL Salz

Das Hackfleisch und alle anderen Zutaten in einer Schüssel gut vermengen. Mit einem Esslöffel Golfball große Kugeln formen und zu langen Röllchen rollen. In der Mitte einen Spieß hindurchschieben und auf dem Grill von allen Seiten braun an grillen.

Tomatenmasala -

eine leckere Sauce, die zu jedem Fleisch-, Geflügel-, Fisch- oder Gemüsegericht gereicht werden kann. Die gebratenen Teile einfach in das Masala geben, kurz aufkochen und einige Minuten bei geringer Hitze köcheln.

300 g feste Tomaten
1 mittelgroße Zwiebel
2 EL frischen Ingwer, fein gehackt
1 TL Kurkuma
1/4 TL Cayennepfeffer
1 TL gem. Koriander
1 TL Garam Masala (ohne Kreuzkümmel)
1 TL Salz
2 EL Tamrindenmark
2 EL Tomatenmark
1 EL Zucker
2 EL Ghee
1/4 Ltr. Joghurt
125 ml Kokosmilch
1/8 Ltr. Wasser

Die Tomaten waschen, halbieren, den Stielansatz entfernen und grob hacken, die Zwiebeln schälen, fein hacken und ebenfalls den Ingwer (ca. 2 cm einer Knolle).

In einer Stielpfanne das Ghee erhitzen, bis ein hinein gegebener Wassertropfen zischt, die Zwiebeln und den Ingwer anbraten bis die Zwiebeln leicht gebräunt sind (aufpassen das nichts anbrennt!), Hitze reduzieren, die Gewürze hinzugeben und ca. 1 Min unter ständigem Rühren köcheln. Tomaten in die Pfanne und alles gut vermengen, Hitze wieder hochfahren Wasser vom her Rand einträufeln und aufkochen. Tomatenmark, Joghurt u. Kokosmilch hinzugeben. Gut umrühren, damit nichts anbrennt. Zum Schluss mit Garam Masala würzen. Ggf. mit dem Stabmixer fein pürieren und abschmecken.

In dieser Soße können z.B. vorher angebratene Hähnchenbrustfiletstücke 15 Min. Lang geköchelt werden und man hat ein leckeres Hähnchen-Curry. Ebenso eignen sich angebratene Fischfiletstücke dazu. Auch gebratenes Gemüse lässt sich so verfeinern.

Desserts:

Firni (Milchpudding m. Rosenwasser, Mandeln u. Pistazien) f. 5 - 6 Portionen.

1 Ltr. Milch
3 EL Reisstärke
125 g Zucker
2 EL Ghee
3 EL Rosenwasser
je 30 g ungesalzene Mandeln u. Pistazien,

Die Milch aufkochen !! danach Hitze reduzieren und ca. 20 – 30 Min. weiter köcheln lassen dabei umrühren, nach und nach die Reisstärke* und den Zucker zugeben, weiter köcheln lassen bis die Masse leicht dick wird. Dann Topf vom Herd nehmen und das Rosenwasser einrühren, etwas abkühlen lassen. Dann die Masse in Dessertschalen o. ä. verteilen. Das Ghee in einer Pfanne erhitzen, die Mandeln u. Pistazien darin anrösten (aufpassen: nicht anbrennen lassen!) und anschließend auf den Pudding geben. Im Kühlschrank bis zum Verzehr aufbewahren.

* bei Verwendung von Mondamin, vorher in kaltem Wasser auflösen und dann dazugeben, kurz aufkochen.

Mango-Papaya Variation

2 essreife Mangos, 2 Granatäpfel, 1 mittlere Papaya, Muskatnuss

Die Mangos mit einem schmalen Messer halbieren, flach mittlings über dem Stein durchschneiden, die Hälften längs und quer bis zur Haut durchritzen (nicht durchschneiden), dann umstülpen, dass sie sich nach außen hin wölben.

Die Haut der Granatäpfel anritzen und auseinanderbrechen, die einzelnen Beeren heraus pulen, in einen Seiher geben gut waschen, abtropfen und beiseitestellen.

Die Papayas halbieren, entkernen, schälen und in ca. 2 – 3 cm (mundgerecht) große Würfel schneiden.

Pro Teller eine Mango in die Mitte legen und drum herum die Granatäpfel drapieren, die Papaya Stücke außen herum anordnen. Das Ganze mit einer Muskatnussreibe, besser Muskatnussmühle bestreuen.

Orangentiramisu

Zutaten:

120 g	Cantuccini
3	Orangen
4 cl	Cointreau, oder Orangensaft
200 g	Sahne
35 g	Zucker
200 g	Schmand
etwas	Orangenschale, Bio, frisch gerieben
	Kakaopulver, zum dekorieren

Orangen filetieren und vierteln. Cantuccini in Stückchen schneiden und in Gläser füllen. Orangenfilets mitsamt dem entstandenen Saft auf dem Gebäck verteilen. Orangenlikör über das Gebäck träufeln. Sahne mit Zucker steif schlagen. Schmand und Orangenabrieb mit Sahne vermengen. Sahnemasse auf dem Gebäck verteilen. Kaltstellen. Vor dem Servieren mit Kakao bestäuben.

Masala Cay (Gewürztee)

Im Asiatischen Raum trinken die Leute viel Tee, eine beliebte Mischung ist in Indien, Pakistan und Bangladesch der Masala Cay. Ein aromatischer Tee, dessen besondere Note ihm die Gewürzmischung „Garam Masala“ verleiht.

Zutaten: für etwa 6 Tassen

500 ml Wasser
250 ml Frischmilch
2 TL getrocknete Pfefferminzblätter
6 TL schwarzen Tee (Assam BOP)
8 EL brauner Zucker (od. Palmzucker)
¼ TL Garam Masala (mild*)

Zubereitung:

Wasser, Milch, Pfefferminztee, schwarzen Tee, Zucker und Garam Masala in einen Topf (mind. 1,5 Ltr.) geben und alles einmal aufkochen. Dabei gelegentlich umrühren und aufpassen, daß die Milch nicht anbrennt. Die Teeblätter gehen auf und entfalten ihr Aroma. Nun alles durch ein feinmaschiges Sieb in eine Teekanne oder gleich in die Tassen geben. Dieser Tee kann auch 1 – 2 Tage aufbewahrt werden uns schmeckt auch kalt recht gut.

*das Rezept für **Garam Masala** mild:
4 Kardamom Schoten, grün
Ca. 60 schwarze Pfefferkörner
10 cm Ceylon-Zimt-Röllchen
2 TL ganze Gewürznelken

Von den Kardamom-Schoten die Schalen entfernen, die Samen und alle anderen Zutaten entweder fein zermörsern oder in einer Kaffeemühle fein mahlen. Die Mischung in einem kleinen Gläschen trocken aufbewahren, sie ist lange haltbar.

Lassi erfrischendes Yoghurtgetränk (1 Ltr.)

500 g türk. Joghurt 10% Fett i.Tr.
½ Ltr. Wasser
Salz, ½ TL Garam Masala

Joghurt und Wasser in eine Kanne geben, alles mit einem Schneebesen gut durchmischen, mit Salz abschmecken und kalt servieren. An heißen Tagen kann Lassi auch mit gecrashtem Eis gekühlt serviert werden.

Lassi kann auch mit Mango Squash oder anderen Fruchtsaftkonzentraten gemixt werden, dann lässt man jedoch das Salz und Garam Masala weg.

Sawasdee, Muang Thai

„Sawasdee Muang Thai" was so viel heißt wie „Herzlich Willkommen im Königreich Thailand", lautet die Ansage der freundlichen Stewardess der „Thai-Airways" nach der Landung auf dem Bangkok International Airport. Nach einer längeren Einreisprozedur geht es mit einem Taxi mitten hinein in die Dunstglocke der siamesischen Metropole.

Für den nächsten Tag haben wir uns bei der „Bangkok Thai Cooking Academy" zu einem Kochkurs angemeldet. Nach der Begrüßung und der Erklärung des Ablaufs, gehen wir mit unserem Koch-Coach gemeinsam auf einen in der Nähe liegenden Markt und kaufen die Koch – Zutaten ein. Dabei wird uns erklärt, worauf wir zu achten haben um genau das zu bekommen, was wir haben wollen.

Zurück in der Koch Akademie werden wir mit den thailändischen Kochtechniken vertraut gemacht, uns werden die Küchengeräte erklärt, wobei als Hauptkochtopf der Wok gilt. Alles was bei uns in diversen Töpfen gekocht wird, geschieht in Thailand mit dem Wok. Neu sind für uns auch die verschiedenen Gewürze, Gewürzpasten, Öle und Saucen, dominant die Fischsauce, die fast in keinem der Thaispeisen fehlt, erwähnt unser Kochlehrer.

Das heutige Menü besteht aus einer Tom Kha Gay Suppe, gebratener Hähnchenbrust mit pikanter Gewürzsauce, dazu gebratene Eiernudeln mit Gemüse. Als Nachspeise haben wir uns für Bananen in Kokosmilch entschieden.

Die Gemüse werden gewaschen, geputzt und in kochfertige Portionen geschnitten, die Hähnchenbrüste vorbereitet. Die nötigen Gewürze und Zutaten stehen bereit und schon bald brodelt es in den Woks. Die aufsteigenden Dämpfe lassen einiges erwarten, es hängt eine exotische Duftwolke in der Luft.

Rezepte:

Tom Kha Gay – Suppe

1 Dose Kokosmilch
1/8 Ltr. Hühnerbrühe
3 Stängel Zitronengras, in ca. 5 cm Stücke geschnitten und leicht geklopft
5 cm Ingwer, in Scheiben geschnitten
2 Chilischoten, rot, in feine Streifen geschnitten, ohne Kerne
2 EL Fischsauce, 5 Limettenblätter
ca. 250 g Hähnchenbrustfilet, in kleine Streifen geschnitten
100 g Champignons, gewaschen und geviertelt
1 Limette, den Saft
1 TL Palmzucker
2 Stangen Frühlingszwiebeln in ca. 1 cm Stücke geschnitten
Frischen Koriander zum Garnieren

Die Hälfte der Kokosmilch zusammen mit der Hühnerbrühe zum Kochen bringen, das Zitronengras, Ingwer, Limettenblätter und Fischsauce zusammen ca. 10 Min. köcheln lassen. Champignons hinzufügen, weitere 5 Min. köcheln. Jetzt das Hühnerfleisch dazu und auf kleiner Flamme garen damit es weich und zart bleibt. Die restliche Kokosmilch dazugeben und mit Palmzucker, Limettensaft und Fischsauce abschmecken. Ggf. mit Hühnerbrühe verdünnen. Die Frühlingszwiebeln und die Chilistreifen hinzugeben und mit frischem Koriandergrün garnieren.

Hähnchenbrust mit pikanter Gewürzsauce

8 St. Hähnchenbrust, je ca. 150 g
1 Zwiebel, klein gehackt
3 Knoblauchzehen, klein gehackt
3 cm frischen Ingwer, geputzt und kleingehackt
2 TL Sambal Oelek
6 EL dunkles Sesamöl
6 EL Honig
6 EL Sojasauce
Mehl

Hähnchenbrüste waschen, überschüssige Teile entfernen, mit Küchenkrepp trocken tupfen, in Mehl wälzen damit alles gut überzogen ist und zur Seite stellen.
Alle Zutaten gut vermischen und in eine Auflaufform od. hohes Kuchenblech geben, die Hähnchenbrüste hinzufügen und im, auf 200° vorgeheizten Backofen, ca. 15 Min. backen, danach die Brüste umdrehen und weitere 15 Min. backen, dabei gelegentlich mit der Flüssigkeit über träufeln.
Zum Servieren je zwei Hähnchenbrustteile auf einen vorgewärmten Teller legen, mit der Hautseite nach oben, drum herum Bratnudeln mit Gemüse od. ähnl. Beilagen ergänzen, nicht zu vergessen den Klebreis!

Phat Thai, gebratene Nudeln mit Gemüse

500 g Bratnudeln
1 Schalotte
6 Knoblauchzehen
3 Frühlingszwiebeln
2 Möhren
1 rote Chilischote
3 EL Öl
1 EL rote Currypaste
4 EL Sojasauce, hell
1 EL Rohrzucker
2 Eier
2 EL Milch
3 Stängel Koriandergrün
Salz

Die Nudeln 2 – 3 Min. kochen, abgießen und warmhalten. Schalotten und Knoblauch schälen und fein hacken. Frühlingszwiebeln putzen und mit Chilischote in feine Ringe schneiden. Möhren putzen und „stifteln"

2 EL Öl im Wok erhitzen, Schalotten und 2/3 der Frühlingszwiebeln, Knoblauch, Chili und Currypaste hinzugeben und 2 Min. unter Rühren braten. Möhrenstifte hinzugeben und weitere 5 Min. braten. Die Nudeln hinzufügen, mit Sojasauce, Salz u. Zucker abschmecken und weiter braten, bis die Möhren aldente sind. Alles gut durchmengen.

Die Eier mit Milch verquirlen und in einer Pfanne 1 EL Öl erhitzen und dünne Omeletts ausbacken, etwas abkühlen lassen, zusammenrollen und quer in schmale Streifen schneiden.
Die Bratnudeln servieren, allein oder als Beigabe zu einem anderen Gericht, mit gezupften Korianderblättern, den restlichen Frühlingszwiebeln und den Omelette-Schnecken garnieren.

Kluay Buat Chee, Bananen in Kokosmilch

1 Dose Kokosmilch
2 Bananen
5 EL Zucker
1 Prise Salz
Vanilleeis
Zucker u. Zimt
4 Minzblätter

Die Bananen schälen und in ca. 0,5 cm dicke Scheibchen schneiden. Die Kokosmilch in einem Topf erhitzen, Zucker und Salz hinzufügen und aufkochen. Den Topf vom Herd nehmen, die Bananen hineingeben und ca. 30 Min. abkühlen lassen.
Zum Servieren in eine Dessertschale geben, eine Kugel Vanille-Eis in die Mitte und mit Zimt-Zucker und Minzeblatt garnieren

Diese Nachspeise kann man lauwarm oder auch kalt servieren.

Weitere Thai-Speisen:

Basco – Suppe

800 g Gemüse
(Möhren, Brokkoli od. Blumenkohl, Porree, Zuckerschoten od. Erbsen etc.)
2 TL Sambal Oelek
8 TL Hühnerbrühe
400 g Hackfleisch ½ Schwein u. ½ Rind
1 EL Mehl
2 Eigelb
200 g Glasnudeln
1 Tasse Ketjap Manis Gewürzmischung (Asia Shop)
1 ½ – 2 Ltr. Wasser
Salz, Pfeffer, Öl

Das Gemüse waschen, putzen und in Mundgerechte Stücke schneiden, alles in Öl mit Sambal Oelek anbraten, mit Wasser ablöschen, die Hühnerbrühe dazugeben und köcheln lassen.
Das Hackfleisch mit Mehl, Eigelb, Pfeffer und Salz gut vermischen, kleine Kugeln formen und alle zusammen in die kochende Suppe geben, 5 Min. kochen lassen.
In einem anderen Topf Wasser zum Kochen bringen, die Glasnudeln hineingeben und 2 – 3 Min. kochen. Alle Nudeln mit einer Schöpfkelle herausfischen und in 5 – 10 cm lange Stücke schneiden, alles zurück in den Suppentopf geben, Ketjap Manis dazugeben, umrühren, abschmecken und heiß servieren.

Wantan – Suppe

250 g Schinkenmett vom Schwein
50 g Chinakohl
4 St. Frühlingszwiebeln
2 Möhren (mittelgroß)
1 Zwiebel (mittelgroß)
2 rote Chilischoten
150 g Sojabohnenkeimlinge
100 g Bambussprossen (aus der Dose)
1 Ei
30 Wantan-Teigtaschen (TK vom Asiashop)
0,75 Ltr. Wasser
0,25 Ltr. Hühnerbrühe (im Glas mit Fleisch)
Hühnerbrühe, (instant, od. Würfel)
4 EL Sojasauce (hell)
Salz, Pfeffer, 1 Messerspitze Cayenne-Pfeffer

Alle Gemüsezutaten waschen und trocknen, die Zwiebel in kleinste Würfel schneiden und unter das Schinkenmett mischen, mit Salz u. Pfeffer u. einer Prise Cayennepfeffer sowie 1 EL Sojasauce würzen.
Die TK Wantan-Teigtaschen auftauen und je einen kl. TL der Mettmischung auf eine Teigtasche geben. Das Ei verquirlen und mit einem Pinsel die Ränder der Teigtaschen einpinseln und diagonal zusammen kleben so, dass alles rundum geschlossen ist, beiseitestellen.
Die Möhren putzen und ringsum kleine V-förmige Streifen herausschneiden (mit einem Garniermesser geht es besser) und in dünne Scheiben schneiden. Den Chinakohl klein hacken, die Frühlingszwiebeln in kleine Ringe schneiden, die Chilis in kleine dünne Streifen schneiden. Wenn die Sojasprossen zu groß sind, einmal in der Mitte halbieren.
In einem Topf das Wasser mit der Hühnerbrühe aufsetzen, aber noch nicht die fertige Brühe hinzugeben, aufkochen und die Wantan-Taschen, Möhren, Sojasprossen, Chilis, Bambussprossen, restl. Sojasauce u. Chinakohl hinzugeben und ca. 3 – 5 Min. bei mittlerer Hitze kochen. Mit Pfeffer und Salz abschmecken.
In kleinen Suppenschälchen servieren und mit den Ringen aus Frühlingszwiebeln garnieren.

Buntes Wok – Gemüse mit gebratenem Tofu

Je 1 rote, gelbe und grüne Paprika
1 große Gemüsezwiebel
150 g Sojasprossenkeime
3 Möhren, mittlere Größe
100 g Tofu
250 g Blumenkohl
1 EL gelbe Thai – Currypaste
2 EL Sojasauce, dunkel
3 – 4 EL Erdnussöl
Pfeffer u. Salz

Die Paprika waschen, aufschneiden, die Kerne entfernen und in mundgerechte Stücke schneiden, Gemüsezwiebel halbieren und längs in kleine Streifen schneiden. Sojasprossen waschen, abtrocknen u. ggf. halbieren. Möhren putzen, längs vierteln od. achteln und in ca. 3 cm lange Stücke schneiden. Blumenkohl putzen und kleine Röschen abtrennen. Tofu in ca. 1 – 1,5 cm große Würfel schneiden.
In einem Wok das Öl erhitzen (Streichholzprobe!), die Tofu Würfel anbraten, herausnehmen und beiseitestellen.
Im verbliebenen Öl (ggf. etwas nachfüllen) die gelbe Thai-Currypaste auflösen, die Möhren, Paprika, Zwiebeln u. Blumenkohl anbraten, Sojasauce hinzugeben, alles gut vermengen und ca. 5 Min. anbraten. Abschmecken und servieren.
Dazu passt z.B. Putencurry m. Jasmin – Reis!

Curry mit gebratenem Putenfleisch

500 g Putenbrustfilets
1 Zwiebel, mittlere Größe
1 EL fein gehackten frischen Ingwer
250 g Chinakohl, (mögl. nur grüne Blätter)
3 Möhren, mittlere Größe
1 Bund frischen Koriander
400 ml Kokosmilch
1 – 2 TL rote Thai-Currypaste
1 EL Sojasauce, dunkel
Salz und Pfeffer
3 EL Erdnussöl

Die Putenbrustfilets waschen und säubern, in mundgerechte Stückchen schneiden, salzen und pfeffern, ca. 30 Min. marinieren.
Vom Chinakohl die äußeren Blätter nehmen, waschen, längs in ca. 2 - 3 cm breite Streifen schneiden, quer hacken, ca. 1 cm breit. Möhren putzen und in sehr dünne Scheiben schneiden. Zwiebel in feine Würfel hacken, Ingwer putzen und fein hacken.
Öl in einem Wok erhitzen (Streichholzprobe!), die Putenstücke kurz anbraten und wieder herausnehmen und beiseitestellen. Ggf. etwas Öl nachgeben, die rote Thai-Currypaste im Öl auflösen, Ingwer und Zwiebeln anbraten. Möhren und Putenfleisch hinzugeben, gut wenden und ca. 5 Min. bei mittlerer Hitze braten, gelegentlich den Wok schwenken. Jetzt den Chinakohl hinzugeben, 1 - 2 Min. wenden, Sojasauce und Kokosmilch hinein, gut umrühren und ca. 3 – 5 Min. weiter bruzzeln. Mit Pfeffer und Salz abschmecken.

Kurz vor dem Servieren, den feingehackten, frischen Koriander hinein rühren.
Dazu eignet sich Jasmin – Reis oder auch Klebreis.

Rotes Curry – Hähnchen mit Korianderchutney

Für 4 Personen

4 Hähnchenbrustfilets
4 EL rote Currypaste
4 EL Öl
100 g frischen Koriander, gehackt
2 EL Limettensaft
2 Chilischoten, Kerne entfernt und gehackt
2 Knoblauchzehen, gehackt
½ TL Zucker, Salz u. Pfeffer
6 EL Wasser

Die Hähnchenbrustfilets waschen und von überflüssigem Fett und losen Teilen befreien, mit Küchenkrepp abtrocknen. Eine flache Backform vorbereiten und die Filets hineinlegen, vorher von oben 4 Schnitte, ca. 1,5 cm tief diagonal einschneiden. Jetzt leicht salzen, mit Öl einreiben und mit der Currypaste auch gut einreiben. Alles mit Folie abdecken und für eine Zeit marinieren lassen.

Den frischen Koriander mit Limettensaft, Wasser, Chili und Knoblauch pürieren bis eine glatte Paste entsteht, mit Zucker, Salz u. Pfeffer abschmecken und kühl stellen.

Im auf 180° Cel. vorgeheizten Backofen die Form mit samt den Filets in die Röhre schieben und ca. 20 30 Min. (je nach Größe) backen bis sie durch sind, gelegentlich mit dem austretenden Saft überträufeln.

Filets servieren mit der Korianderpaste servieren und mit einigen Korianderblättern garnieren.

Dazu passen Bratnudeln mit Gemüse oder z.B. scharfer Reis mit Nüssen

Prik Nahm Plah   Thai-Dip

Zutaten: (für 1 Portion = 4 Personen)

1 TL Knoblauch, feingehackt
1 TL Ingwer, feingehackt
1 TL frischen Koriander, gehackt
1 Chilischote rot, feingehackt
1 kl. Schalotte, feingehackt
1 Limettenblatt, feingehackt
4 EL Fischsauce
4 EL Wasser
1 EL Limettensaft
2 EL Zucker

Alle Zutaten putzen, säubern, zerkleinern (Chilischoten Kerne entfernen), in eine kl. Schüssel od. Schale geben, Zucker dazu und mit den Flüssigkeiten gut vermengen, ggf. noch abschmecken.

Dieser Dip kann auch gern abgewandelt werden, durch hinzugeben z.B. von grünen Chillies oder weglassen der einen od. anderen Zutat.

Gereicht werden Dips eigentlich zu jedem Thai-Hauptgang und runden so die Mahlzeit ab.

Kokosmilchpudding

400 ml Kokosmilch
5 EL Zucker
200 g Kokosraspel
2 Päck. Puddingpulver, Vanille
1 Mango, essreif
4 St. Physalis
Ca. 0,6 Ltr. Wasser

Puddingpulver mit Zucker mischen und mit ¼ der Kokosmilch zu einem flüssigen Brei verrühren.
Rest der Kokosmilch mit dem Wasser und mit gut der Hälfte der Kokosraspeln aufkochen, den Puddingbrei einrühren und unter ständigem Rühren ca. 1 Min. bei schwacher Hitze aufkochen (aufpassen, dass am Topfboden nichts anbrennt!).
In Puddingschalen abfüllen und im Kühlschrank abkühlen lassen, mind. 2 Std.
Die Mango schälen und in mundgerechte Portionen schneiden. Vor dem Servieren mit Kokosraspeln bestreuen, Mangostücke oben drauf und ggf. die Physalis on top!

Heilwirkung der Kräuter und Gewürze

Die in diesem Kochbuch verwendeten Kräuter und Gewürze haben aufgrund geschmacklichen Eigenschaften und Verwendung beim Kochen auch schon z.T. über Jahrtausende bekannte gesundheitsfördernde und Krankheiten heilende Wirkungen. So sind die hier aufgezeigten Kräuter und Gewürze auch für unsere Gesundheit sehr zu empfehlen. Sie sollen jedoch keine herkömmlichen medizinischen Therapien ersetzen, sondern vielmehr als Ergänzung verstanden wissen und bei Anwendung immer mit dem Hausarzt besprochen werden. Die Erläuterungen erheben auch keinen wissenschaftlichen Anspruch, sondern zeigen für jedermann verständlich auf, den Ursprung, die Verwendung in der Küche und die Heilwirkung. Die Zusammenfassung wurde recherchiert in Veröffentlichungen des „Zentrum für Gesundheit“, „Wikipedia“ und anderen Fachmagazinen.

Anis

Der Ursprung der Pflanze

Seit der Antike ist Anis bekannt und findet nicht nur als Gewürz in der Küche Anwendung, sondern auch als Heilpflanze. Anis gehört zu den Doldengewächsen und kommt im Mittelmeerraum, in subtropischen Gebieten sowie in Argentinien, Mexiko und Südostasien vor. Man kann die Pflanze auch selbst aussäen, die Samen sind in jeder gutsortierten Gärtnerei zu erhalten.

Die Wirkstoffe

Die Anisfrüchte enthalten ätherisches Öl, das aus den reifen Früchten gewonnen wird. Es besteht zu 90 bis 95 Prozent aus Trans-Anethol und zu 0,3 bis 0,4 Prozent aus Cis-Anethol. Ebenfalls im Öl enthalten ist Estragol mit 1 bis 4 Prozent.

Anis ist vor allem als aromatisch riechendes Gewürz bekannt. In den getrockneten Früchten steckt auch das wirksame ätherische Öl.

Verwendung als Heilpflanze

Als Mittel gegen **Husten** und **Bronchitis** wurde Anis bereits bei den alten Griechen eingesetzt. Im frühen Mittelalter wurden die Samen der Pflanze in der Klostermedizin erwähnt, die eine bessere **Verdauung** fördern und gegen **Erkältung** wirken sollten.

Anwendung

Die in einem Mörser zerstoßenen Samen (½ TL) gebe ich auf zwei gehäufte TL Pfefferminztee, gieße sie mit heißem Wasser auf und lasse alles ca. 10 Min. ziehen. Danach gebe ich den Inhalt durch ein sehr feines Sieb und süße gelegentlich mit Blütenhonig.

Basilikum

Der Ursprung der Pflanze

Schon die alten Ägypter nutzten Basilikum um ihre gestorbenen Könige vor bösen Geistern zu schützen und gaben die Pflanze mit ins Grab. Im Mittelmeerraum wird die Pflanze schon seit rund 3.500 Jahren kultiviert.

Die Wirkstoffe

Basilikum enthält viele Spurenelemente, Mineralstoffe und Vitamine, wie z. B. Mangan, Kupfer, Vitamin C und Betacarotin.

Verwendung als Heilpflanze

Die Inhaltsstoffe helfen bei:

- Entzündungen
- Halsschmerzen
  Heiserkeit
- Schwindelgefühl
- Gelenkschmerzen
- Magenbeschwerden
- Schlafstörungen und Migräne
- Selbst bei Stress und Stimmungsschwankungen wird Basilikum gern verwendet.

Diverse Studien haben gezeigt, dass das ätherische Basilikum Öl sogar multiresistente Erreger erfolgreich bekämpfen kann.

Der im Öl enthaltene Stoff Cineol wirkt schleimlösend und antibakteriell und kann sowohl bei akuten als auch bei chronischen und entzündlichen Atemwegserkrankungen sowie bei Asthma und Heuschnupfen Linderung verschaffen.

Anwendung

Allein schon die häufige Verwendung in der Küche als Salat, Speisen Dekoration oder als Kochbeigabe bleibt nicht ohne Wirkung. Bei der Verwendung als Basilikum-Öl erzielt man jedoch bessere Ergebnis. Dabei sollte man auf die Empfehlungen der Hersteller achten.

Cayenne – Pfeffer, Chillie

Der Ursprung der Pflanze

Cayennepfeffer ist ein Halbstrauch, der 0,5 bis einen Meter in die Höhe wächst. Seine Blätter sehen oval bis lanzettenartig aus und sind wechselständig. Die weißen Blüten ordnen sich gruppenweise an und sind fünf- bis siebenzählig. Die Staubblätter sind violett gefärbt. Die orange färbenden bis roten Früchte sehen kegelförmig aus und sind leicht gebogen. Sie stehen stets aufrecht und unterscheiden sich damit gegenüber anderen Paprikaarten. Cayennepfeffer gehört zu den Nachtschattengewächsen (Solanaceae) und blüht von Juni bis September. Beheimatet ist das Gewächs im tropischen Südamerika. Angebaut wird es weltweit in Gebieten mit tropischem bis subtropischem Klima.

Die Wirkstoffe

Hauptbestandteil ist Capsaicin, gelangt er auf die Haut, reizt er dort die Schmerz- und Wärmerezeptoren. Dabei wird zunächst ein Schmerzsignal ans Hirn gesendet. Das hat zur Folge, dass die Haut, auch die Schleimhaut kommt er mit dieser in Kontakt, stärker durchblutet werden. Die Haut rötet sich, wird warm und brennt.

Verwendung als Heilpflanze

- bei Muskelverspannungen
- Schmerzstillend
- regt die Verdauung an
- Hexenschuss

Anwendung

Salben, Cremes und Pflaster, die Cayennepfeffer enthalten, können leichte Muskel- und Nervenschmerzen lindern.

Klären Sie die Anwendung jedoch vorab mit dem Arzt ab.

Gründe für das Essen scharfer Speisen

Zunächst scheint es unsinnig, Speisen scharf zu würzen, wenn dadurch Schmerzempfindungen ausgelöst werden. Der eigentliche Abwehrmechanismus gegen Fraß Feinde, den einige Pflanzen ausgebildet haben, wird aber ausgenutzt, um das Geschmacksempfinden zu erhöhen. Tatsächlich wirken die scharfen Anteile der Gewürze als Geschmacksverstärker. Die gereizten Rezeptoren in den Schleimhäuten werden besser durchblutet, somit auch die benachbarten Geschmacksnerven, die dadurch empfindlicher für die eigentlichen Geschmacksrichtungen süß, sauer, bitter, und salzig sind.

Da hohe Schärfegrade zudem die Hautporen am ganzen Körper öffnen und damit das Schwitzen fördern, kann durch Essen scharfer Speisen auch die Körpertemperatur gesenkt werden. Dies ist möglicherweise ein Grund, warum gerade in Ländern mit warmem Klima gern scharf gegessen wird. Ein weiterer Grund, Speisen scharf zu würzen, ist die mit der Schmerzreaktion verbundene Ausschüttung von Glückshormonen.

Zusätzlich hemmen die Inhaltsstoffe das Wachstum von Bakterien. Man kann vermuten, dass sich scharfes Würzen – auch ohne diese Kenntnis – deswegen gerade in denjenigen Ländern verbreitet hat, in denen das Wachstum von Bakterien (also auch Krankheitserregern) durch das Klima besonders begünstigt ist.

Fenchel

Der Ursprung der Pflanze

Fenchel soll bereits 3000 v. Chr. in Mesopotamien benutzt worden sein. Im antiken Griechenland empfahlen Heilkundige stillenden Frauen, Fencheltee zu trinken um die Milchbildung anzuregen. Heute wird die Pflanze in den gemäßigten Zonen Europas, Asiens, Afrikas und Südamerikas angebaut.

Die Wirkstoffe

Das ätherische Öl, insbesondere die Substanzen Trans-Anethol und Fenchon sind es, die gesundheitsfördernde Eigenschaften haben.

Verwendung als Heilpflanze

- zur Schleimlösung
- bei Erkältungsbeschwerden
- Blähungen und Völlegefühl
- krampflösend

Anwendung

Fenchelhonig ist ein bewährtes Hausmittel, das Kleinkindern, ab einem Jahr bei Erkältung und Blähungen hilft.
Fencheltee hat sich auch für junge Mütter bewährt, da er die Milchbildung anregt.

Fragen Sie ihren Apotheker nach einer kindgerechten Dosierung und Anwendung.

Gewürznelken

Der Ursprung

Die Gewürznelke stammt ursprünglich von den Molukken, einer indonesischen Inselgruppe im Pazifik, die einst unter dem Namen "Gewürzinseln" bekannt war. Inzwischen ist die kleine getrocknete Knospe aber weltweit als Küchengewürz im Einsatz. In der chinesischen Heilkunde hat die Nelke seit ca. 2500 Jahren ihren festen Platz.

Die Wirkstoffe

In der Gewürznelke sind antibakteriellen Wirkstoffe sowie der Inhaltsstoff Eugeniin

Verwendung als Heilpflanze

- bei Zahnschmerzen
- gegen Akne
- bei Mundgeruch
- gegen Herpes

Anwendung

Bei Zahnschmerzen und Mundgeruch eine oder zwei Gewürznelken im Mund neben die schmerzende Stelle legen oder darauf herum beissen. Auch mit Nelkenöl kann man schmerzende Stellen, von Anke oder Pilzen befallene Stellen einreiben.

Ingwer

Der Ursprung

Ingwer stammt sehr wahrscheinlich aus dem Fernen Osten, wo er schon seit 2000 – 3000 Jahren als Heilpflanze bekannt ist und in der chinesischen Medizin Anwendung findet. Von dort aus hat er sih im Laufe der Jahrhunderte auf der ganzen Welt verbreitet. Hauptanbaugebiete sind Asien und Südamerika.

Die Wirkstoffe

Kalium, Magnesium, Natrium, Phosphor, Calcium, Eisen, sowie Vitamine (A, B1, B2, B6, C und E). Alle wirken sich positiv auf diverse gesundheitliche Störungen aus.

Verwendung als Heilpflanze

- gegen Grippe und Erkältungen
- bei Verdauungsstörungen
- hat antioxidative und antibakterielle Wirkungen
- unterstützt das Immunsystem
- hilft bei Muskelschmerzen
- Schmerzen bei der Arthritis
- bei Verdauungsstörungen
- reduziert den Cholesterinspiegel

Anwendung

Als Tee, entweder als fertiger Beuteltee oder selbst zubereitet. Dazu reibt man etwa von einer daumendicken Knolle ca. 2 cm in ein Teesieb, dazu 1 EL Palmzucker (es geht auch brauner Zucker). Mit heißem Wasser Übergießen und etwa 10 Min. ziehen lassen.

Kardamom

Der Ursprung

Kardamom ist eines der ältesten Gewürze der Menschheit. Die Ursprünge liegen in Asien und Nordafrika (Ägypten). In der Antike war er um das Mittelmeer herum sehr verbreitet. Die alten Ägypter verwendeten ihn zur Herstellung von kosmetischen Artikeln und in Parfüms. In Asien hingegen wurde Kardamom in der chinesischen Medizin schon vor einigen tausend Jahren eingesetzt.

Die Wirkstoffe

Kardamom ist eine vielseitige Gewürzpflanze, seine Samenkapseln liefern ein wertvolles ätherisches Öl. Das Öl enthält Borneol und Cineol, beide Stoffe gelten als schleimlösend und antibakteriell, sowie das durchblutungsfördernde Kampfer.

Verwendung als Heilpflanze

- hilft gegen Übelkeit, gegen Erbrechen und Mundgeruch
- gegen Schwindelgefühle und Reisekrankheit
- gegen Asthma Bronchiales
- gegen Blähungen und Krämpfe im Bauch
- gegen Nierensteine und steigert die Verdauung
- regelmässig genommen steigert er die Denkfähigkeit

Anwendung

Als Zugabe im Kaffee oder Tee, dazu mit einem Löffel die Kapsel zerdrücken und die Samen im Mörser zerkleinern. 1/4 TL in die Tasse geben. Ich nehme immer 2 gehäufte TL Pfefferminztee und gebe 1/4 TL zerstoßene Samen dazu, heißes Wasser darüber und ca. 10 Min. ziehen lassen, danach durch ein Teesiebe gießen und nach Bedarf mit Blütenhonig süßen.

Knoblauch

Der Ursprung

Knoblauch – Die Wunderknolle

Man geht davon aus, dass der Ur-Knoblauch bereits vor etwa 5.000 Jahren in Zentralasien angebaut wurde und von dort aus über den Vorderen Orient schliesslich nach Europa kam. Ägypten beispielsweise galt regelrecht als das Knoblauchland des Altertums. Dort wurde die Knolle als heilige Pflanze angesehen und den Pharaonen als Grabbeigabe mit auf ihren letzten Weg gegeben. Auch die Arbeiter am Bau der Pyramiden erhielten rohe Zwiebeln und Knoblauch, um ihre Gesundheit und Kraft zu erhalten.

Die Wirkstoffe

Als Hauptbestandteil ist die Schwefelverbindung Allicin zu nennen, die dem Knoblauch auch den charakteristischen Geruch verleiht. Daneben tragen alle Inhaltsstoffe u. a. auch die Enzyme wie Katalase und Glutathionperoxidase insgesamt zu der gesundheitsfördernden Wirkung der Knolle bei. Zu erwähnen sind auch Saponine, das sind sekundäre Pflanzenstoffe mit positiven Einflüssen auf die Regulierung des Cholesterinhaushalts.

Verwendung als Heilpflanze bei

- Verdauungsstörungen
- Atemwegserkrankungen
- Bluthochdruck
- Infektionen aller Art
- Schwächezuständen
- **Harnwegsinfekten**
- Schlangenbissen und Wurmbefall
- wirkt Blutgerinnseln entgegen
- beugt Thrombosen und Schlaganfällen vor
- desinfiziert den Darm
- bei Diabetis und Krebserkrankungen wurden schon erstaunliche Wirkungen erzielt

- Verlangsamung des Alterungsprozesses
-

Anwendung

Als Gewürzknolle diversen Speisen beigegeben verbessert sie nicht nur den Geschmack sondern bei regelmäßiger Verwendung verbessern sich die o.a. Krankheitserscheinungen ohne die bei vielen Medikamenten unerwünschten Nebenerscheinungen, außer vielleicht der bekannten, nicht immer angenehmen Geruchskomponente. Dagegen hilft z.B. nach dem Verzehr ein paar Stängel frische Petersilie im Mund zerkauen.

Bei Knoblauchkapseln entfällt der Nebengeruch und die Dosierung erfolgt kontrolliert. Dabei immer wieder die Anwendungsbestimmungen der Hersteller beachten.

Koriander

Der Ursprung

Koriander – Eine Kulturpflanze mit Heilkraft

Koriander zählt zu den ältesten Küchenkräutern der Welt. Vor allem in Indien, China und Ägypten wird Koriander seit Jahrtausenden nicht nur wegen seiner süßlichen Würze geschätzt, sondern in erster Linie als **Heilpflanze**. Von seiner Heilkraft wurde bereits in Sanskrit-Schriften und im Alten Testament berichtet. Auch der antike Medizinpionier Hippokrates von Kos lobte Koriander als pflanzliches Medikament.

Die Wirkstoffe

Der hohe Gehalt an gesundheitsfördernden Phytonährstoffen und **ätherischen Ölen** im Koriander soll der Grund für dessen heilsame Wirkung sein.

Verwendung als Heilpflanze

- bei Magen-Darm-Beschwerden
- als natürliches Antibiotikum
- als Ausleitungsmittel für Schwermetalle

Anwendung

In asiatischen Salaten ist Korianderkraut eine harmonische Komponente. Gehackter Koriander verleiht außerdem Gemüsesuppen eine würzige Kräuternote. In Dips wie selbst zubereiteter Salsa ist Koriandergrün ein Muss. Als Zutat von Curry verfeinern Koriandersamen indische und andere asiatische Speisen.
Während in Europa der Samen die größere Rolle spielt, werden in der südamerikanischen und in der asiatischen Küche vor allem die grünen Pflanzenteile, umgangssprachlich „Kraut" genannt, verwendet.

Kreuzkümmel (nicht zu verwechseln mit echtem Kümmel!)

Kreuzkümmel ganz ...und gemahlen

Der Ursprung

In 3000 – 4000 Jahre alten Küchenresten aus Syrien wurden bereits Spuren von Kreuzkümmel gefunden. Im alten Ägypten kannte man die Pflanze ebenfalls seit 2000 v. Chr. als Gewürz und auch als Heilpflanze. Auch im römischen Reich wurde sie als Heilpflanze verwendet. Die Verbreitung in Europa fand ums Mittelmeer statt, auch hier in erster Linie als Heilpflanze. Mittlerweile ist Kreuzkümmel auf der ganzen Welt verbreitet und die Küche Indiens z.B. kann man sich ohne das Gewürz nicht vorstellen. Die heutigen Hauptanbaugebiete liegen im südlichen Mittelmeerraum, in Indien, China, in Indonesien und im Iran.

Die Wirkstoffe

Als Hauptbestandteil ist Cuminaldehyd zu nennen, das ihm den unverwechselbaren Geschmack verleiht und im ätherischen Öl der Pflanze enthalten ist.

Verwendung als Heilpflanze

- verbessert die Verdauung
- behebt Verstopfung
- lindert Magenbeschwerden
- ist gut für die Knochen
- reduziert das Krebsrisiko
- hilft gegen Stress und ist
- gut für die Gedächtnisschwäche

Anwendung

Regelmäßig in Speisen verwendet, zeigt sich bereits eine Wirkung. Als Tee zerstößt man einen TL im Mörser und gießt ihn in einer Tasse mit heißem Wasser auf und lässt ihn gut 10 Min ziehen, gibt ihn anschließend durch ein Teesieb, süßen nach Bedarf mit Blütenhonig.

Kurkuma (Tumeric, Gelbwurz)

Der Ursprung

Als "Zauberknolle" oder "Gewürz des Lebens" bezeichnet, ist Kurkuma seit ca. 4000 Jahren in Indien in der ayurvedischen Medizin als Heilpflanze bekannt und wird in der traditionellen Chinesischen Medizin mindestens schon genausolange angewendet. Indien gilt heute als das weltweit größte Anbaugebiet der Knolle, die äußerlich der Ingwerwurzel ähnelt. In der westlichen Medizin sind die Heilwirkungen nicht unentdeckt geblieben, seitdem steigt das Interesse der Pharmaindustrie die Wirkstoffe der Pflanze zu vermarkten.

Die Wirkstoffe

Hauptbestandteil ist Curcurmin, das für die gelbe Farbe verantwortlich ist, in heilmedizinischer Hinsicht antioxidativ und entzündungshemmend wirkt. Diese Eigenschaft soll sich krebshemmend auswirken, wie wissenschaftliche Studien erwiesen haben. Leider ist die Bioverfügbarkeit bei direkter Verwendung des Pulvers nicht optimal, da die Wirkstoffe fettlöslich und nicht wasserlöslich sind. Einige Studien wollen herausgefunden haben, dass Peperin (ist in schwarzem Pfeffer enthalten) die Bioverfügbarkeit wesentlich verbessert. Ferner ist Vitamin B6 enthalten, das gemeinsam mit Vitamin B12 und der Folsäure dafür sorgen, dass der Homocysteinspiegel nicht zu hoch ansteigt. Dieser Effekt sorgt dafür, dass eine Schädigung der Gefäßwände reduziert wird und das die Gefahr für Arteriosklerose sowie für Herzkrankheiten sinkt.

Verwendung als Heilpflanze gegen

- Entzündungen
- Magen-Darmbeschwerden
- Atemwegserkrankungen
- Leber- und Lungenerkrankungen
- Schlaganfall und Herzinfarkt
- Alzheimer

- entzieht dem Körper Schwermetalle (Quecksilber)

Anwendung:

Neben der Verwendung in diversen Speisen kann Kurkuma auch direkt eingenommen werden. Z.B. ¼ TL Kurkuma in 50 ml Kokosmilch, 50 ml Wasser, 50 ml Joghurt und 5 Drehungen aus der Pfeffermühle. Alles gut umrühren und 1 Min. in der Mikrowelle, fertig! Es kann auch in heißes Wasser gerührt als Kurkuma-Tee getrunken oder in den morgendlichen Yoghurtbecher gegeben werden (1/2 TL).

Kurkumin ist bereits in kleinen Dosen wirksam, wie man sie normalerweise in Speisen verwendet. Aber auch in sehr hohen Dosen zeigen sich nach der Kurkuma-Einnahme keine Nebenwirkungen.

Um die Bioverfügbarkeit zu verbessern können auch Kapseln eingenommen werden, das vereinfacht die Einnahme und hilft dabei, täglich ausreichende Curcumin-Mengen in derselben Dosis aufzunehmen.

Muskatnuss

Der Ursprung

Die Muskatnuss ist ein kleines Wunder-Gewürz und stammt ursprünglich von den indonesischen Banda-Inseln und den nördlichen Molukken. Die Muskatnuss gibt einigen Speisen den letzten Schliff, wenn sie z.B. in kleinen Mengen per Muskatnuss-Reibe der fertigen Suppe o.ä. zugegeben wird.

Die Wirkstoffe

Hauptwirkstoff der Muskatnuss ist Myristicin daneben sind in kleineren Mengen auch Elimecin und Safrol enthalten. Myristicin wirkt als Depressions-Hemmer. Die Heilkräfte der Muskatnuss sind in der fernöstlichen Medizin seit Langem bekannt. Die positiven Eigenschaften der geriebenen Muskatnuss wirken antibakteriell, verdauungsfördernd, appetitanregend, herzstärkend und entkrampfend.

Verwendung als Heilpflanze

- hilft bei: Blähungen und Durchfall,
- Magen-, Leber- und Gallenschwäche,
- Gicht und Rheuma,
- Schlaflosigkeit, Flechten, Ekzemen und Herpes,
- Gedächtnisschwäche,
- Herzschwäche sowie bei einem „Kater“.

Anwendung:

Bei Schlafstörungen z.B. helfen 4 – 5 kräftige „Reiben“ der Nuss in ca. 150 ml Milch, diese in der Mikrowelle 1 Min. erhitzen, umrühren, kurz einwirken lassen und trinken.

Die Wirkstoffe der Muskatnuss kann man auf verschiedene Art und Weise nutzen. Den Speisen sollten nur direkt mit einer Reibe kleinste Mengen frisch hinzugefügt werden. Muskatnussöl und Muskatnusscreme sind auch erhältlich, dabei sollten die Anwendungsbestimmungen der Hersteller streng beachtet werden.

Das Wundergewürz hat nämlich auch noch andere Eigenschaften, zum Beispiel als Aphrodisiakum und Rauschmittel. Dieses auszuprobieren, davon ist jedoch **abzuraten**. Die erforderliche Menge um einen rauschähnlichen Zustand zu erzeugen, liegt bei mindestens 5 Gramm. Bereits 4 Gramm führen zu Übelkeit und schweren gesundheitlichen Schäden. Die Mengen, die Speisen zugefügt werden liegen weit unter einem Gramm und sind daher unbedenklich.

Oregano

Der Ursprung

Oregano ist eine aromatische und sehr heilkräftige Pflanze, die aus der Bergwelt der Mittelmeerländer stammt und schon im 1. Jh. n. Chr. in griechischen Schriften erwähnt wurde. Oregano ist einer der Hauptbestandteile italienischer Gewürzmischungen und findet sich daher traditionell in Pasta und Pizza, aber auch in Gemüse und Salatdressings sowie auf gegrilltem oder gebratenem Fisch. In der mediteranen Küche darf Oregano nicht fehlen.

Die Wirkstoffe

Das Kraut enthält natürliches Antibiotika und Antioxidantien. Darüber hinaus ist es ein starkes Fungizid und wirkt daher gut bei Pilz-Infektionen aller Art. Interessant ist außerdem die blutverdünnende Wirkung, so dass es auch in der Schlaganfall- u. Herzinfarktprophylaxe eingesetzt wird.

Verwendung als Heilpflanze

- gegen resistente Bakterien
- **gegen Pilzinfektionen**
- **Oregano - Öl wirkt hemmend auf die Teilung von Krebszellen**

Anwendung:

Als Heilpflanze verwendet man Oregano am besten frisch, auch getrocknet kann man das Kraut verwenden, die Heilwirkung ist dann allerdings geringer. Am Intensivsten wirkt Oregano als Öl.
Wie bei jedem Medikament muss mit großer Achtsamkeit auf die Anwendungsbestimmungen des Herstellers geachtet werden, im Zweifel fragen Sie Ihren Arzt oder Apotheker!

Petersilie

krause Petersilie

glattblättrige Petersilie

Der Ursprung

Petersilie gehört zu den bekanntesten und beliebtesten Küchenkräutern in den meisten Ländern der Welt. Der Ursprung wird in den östlichen Mittelmeerländern vermutet und wird schon in antiken Schriften erwähnt. Im Mittelalter verbreitete sich das Kraut auch im restlichen Europa. Petersilie wird sowohl mit glatten als auch mit krausen Blättern verwendet, selten werden die Wurzeln als Gemüse verarbeitet.

Die Wirkstoffe

Die primären Pflanzenstoffe enthalten einen hohen Anteil an Vitamin A, C, E und Beta-Carotin. Die sekundären Flavonide wie Apigenin und Cumarin. In den ätherischen Ölen der Pflanze findet sich Apiol und Myristicin. Ferner enthält Petersilie Mineralstoffe wie Eisen, Kalium, Mangan und Zink.

Verwendung als Heilpflanze

- gegen Erkältungskrankheiten
- wirkt harntreibend, krampf- und schleimlösend
- wird zur Behandlung von Bluthochdruck, Frauenbeschwerden, Hautkranheiten, Gicht und gegen Mundgeruch eingesetzt.
- Der hohe Anteil an Apigenin soll nach amerik. Forschungsergebnissen auch gegen Prostatakrebs schützen.

Anwendung:

Petersilie als Heilmittel kann sowohl innerlich als auch äußerlich angewendet werden; dazu wird aus Blättern, Wurzeln oder Samen wahlweise ein Tee oder eine Tinktur zubereitet. Beides kann eingenommen, auf die Haut aufgetragen, und als Umschlag oder Mundspülung verwendet werden.

Pfeffer

Der Ursprung

Die ursprüngliche Heimat des Pfeffers ist Indien und dort seit Jahrtausenden bekannt. Im Handel gibt es schwarzen, weißen, grünen und roten Pfeffer.

Die Wirkstoffe

Der Hauptwirkstoff des schwarzen Pfeffers ist das scharf schmeckende Säureamid, bekannt als Piperin.

Verwendung als Heilpflanze

- wirkt appetitanregend, verdauungs- und durchblutungsfördernd, antibakteriell gegen Blähungen, Magen- und Darmkrämpfe, Sodbrennen
- als Zusatzstoff für die bessere Bioverträglichkeit bei einigen Heilkräutern wird er verwendet.

Anwendung:

In den Speisen zur Würzung lt. Rezeptur aber auch als Pfefferöl zur äußerlichen Anwendung in Form von Einreibungen und Massagen.

Pfefferminze

Der Ursprung

Minzen wurden schon vor Jahrtausenden in Asien, Europa und im Norden Afrikas als Heilpflanze verwendet. Archäologen entdeckten Reste der Pflanze als Grabbeigaben bei den Ägyptern. Aber auch in anderen Kulturen der antiken Geschichte war die Pflanze von mystischer, ritueller und medizinischer Bedeutung. Die heutige **Pfefferminze** ist ein weltweit verbreitetes, aromatisches Kraut, das in unterschiedlichen Variationen für verschiedene Zwecke angebaut wird. Geschätzt wird der erfrischende Geschmack, dabei spielen auch die die **gesundheitsfördernden** Eigenschaften eine nicht unwichtige Rolle. Die Wirkstoffe werden vielen anderen Lebens- und Genussmitteln beigegeben, auch in der Kosmetik finden wir sie wieder.

Die Wirkstoffe

Pfefferminzblätter enthalten ätherische Öle. Zu den wichtigsten gehören Menthol, Menthon und Menthofuran. Weiterhin enthalten die Blätter Gerbstoffe und Flavonoide.

Verwendung als Heilpflanze

- hilft bei Kopfschmerzen, Erkältungen, Magen- Darmverstimmungen, verstopfte Nase, Muskelschmerzen, Übelkeit, Verdauungsproblemen, Herpes und Blähungen.
- fördert die Produktion von Gallensäften und sorgt für deren problemlosen Abgang

Anwendung:

Als **Pfefferminztee** zubereitet: zwei gehäuften TL getrocknete und zerriebene Blätter werden in einer Tasse oder Glas mit ca. 200 ml kochendem Wasser übergossen, zugedeckt und anschließend etwa 8 – 10 Min. ziehen lassen. Man kann auch 2 -3 hauchdünne Scheibchen frischen Ingwer hinzufügen. Äußerliche Anwendung als Dampfbad durch Zugabe von Pfefferminzöl und direkter Auftragung auf die Haut (Vorsicht, nicht zu viel!).

Rosmarin

Der Ursprung

Bei den alten Griechen war **Rosmarin** schon vor über 2000 Jahren bekannt und sie wussten damals schon die **Heilkraft** des Krauts zu nutzen. Aus der mediterranen und seit Langem auch in der europäischen Küche ein nicht mehr wegzudenkendes Küchengewürz. Traditionell wird das frische Gewürz in der Mittelmeerküche für Schmorgerichte verwendet. Vegetarisch versteht sich Rosmarin bestens mit Hülsenfrüchten, Tomaten und Kartoffeln. Ebenfalls wurde Rosmarin von den Griechen und den Römern bei zeremoniellen Anlässen wegen des Weihrauches ähnlichen Duftes beim Verbrennen der Nadeln, gern benutzt. Dabei stellten sie deren Heilwirkung fest.

Die Wirkstoffe

Rosmarinblätter enthalten zu 1 - 2,5 % ätherisches Öl mit den Terpenen Cineol, Campher und α-Pinen als Hauptkomponenten.

Verwendung als Heilpflanze

- wegen der antiseptischen Eigenschaft wird Rosmarin als natürliches Antibiotikum gegen Bakterien sowie Hefe- und Schimmelpilze eingesetzt.
- Als konzentrierter Rosmarinextrakt wirkt es immunaktivierend, hustenstillend, gallebildend, leberentgiftend, harntreibend, verdauungsfördernd, nervenstärkend, krampflösend, schmerzstillend, hautstraffend und kreislaufanregend.
- Vorbeugend gegen Arteriosklerose, Linderung von rheumatischen Beschwerden
- wird auch eingesetzt zur Heilung der Nebennierenschwäche und zu niedrigen Blutdruck.

Anwendung:

Die Heilkraft von Rosmarin lässt sich auf vielfache Weise erzielen: kulinarisch als Gewürz, anregend als Tee, harmonisierend als Aromatherapie oder auch kosmetisch in Form von Seifen, Bädern, Cremes, Zahnpasta, Mund- und Haarwasser.

Zur medizinischen und homöopathischen Aufbereitung werden sowohl die nadelartigen

Blätter, das ätherische Öl als auch die frischen und getrockneten Blüten verwendet. Diese werden beispielsweise als naturheilkundliche Mixtur gegen Erkrankungen des **Zentralnervensystems** und der weiblichen **Geschlechtsorgane** eingesetzt.

Für eine Teezubereitung wird ein Teelöffel getrockneter oder frischer, gehackter Rosmarinblätter mit einem ¼ Liter kochendem Wasser aufgegossen. 8 bis 10 Minuten lang zugedeckt ziehen lassen und anschließend abseihen. Als Zugabe für ein Vollbad lindert er Schmerzen und unterstützt die äußere Wundheilung. Auch direkt auf die Haut aufgetragen, macht sich Rosmarintee als natürliches Desinfizierungsmittel verdient.

Sogar Pflanzen können mithilfe von abgekühltem Rosmarintee von Schädlingen befreit werden!

Aromatherapie mit Rosmarinöl

Die Aromatherapie mit duftendem **Rosmarinöl** ist wegen seiner **antiseptischen**, **schmerzstillenden** und anregenden Wirkung beliebt. Insbesondere Menschen mit **Gelenk-** und **Muskelschmerzen**, Halsstarre, **Quetschungen** und Verrenkungen erfahren eine schnelle Besserung ihrer Beschwerden.

Auch gegen **Krampfadern, Ödeme**, **Durchblutungsstörungen** und **Orangenhaut** kann Rosmarin helfen. Das verwendete ätherische Öl wird dazu mittels Wasserdampfdestillation aus den blühenden Trieben der Pflanze gewonnen.

Für Massagezwecke können einige Tropfen in ein reines Pflanzenöl (z. B. Mandelöl) gegeben werden. Als Badezusatz werden wenige Tropfen mit einem Esslöffel flüssigen Honig oder mit hochwertigem Salz vermengt. So löst sich das ätherische Öl nach und nach im Wasser und spendet zugleich Pflege für die Haut.

Als Gute-Nacht-Ritual soll das Riechen an Rosmarinöl (oder auch an frischem Rosmarin) ausserdem Albträume fernhalten. Probieren Sie es aus! Zur medizinischen und homöopathischen Aufbereitung werden sowohl die nadelartigen Blätter, das ätherische Öl als auch die frischen und getrockneten Blüten verwendet.

Senfkörner und Senf

Der Ursprung

Senfkörner und Senf stammen ursprünglich auch aus Fernost und sind dort in der Heilanwendung schon seit Jahrtausenden bekannt. Von dort fand er seinen Weg nach Arabien und wurde dort vornehmlich als Heilmittel verwendet. Die Verbreitung in Nordeuropa haben wir den Römern zu verdanken, die angeblich auch die Hersteller der ersten Senfpaste waren.

Die Wirkstoffe

Der wichtigste Inhaltsstoff der Senfpflanze ist **Myrosinase**. Dieses Enzym setzt bei Feuchtigkeitsberührung die stechend scharf schmeckenden Senföle frei. Ein weiterer Stoff ist **Sinalbin**, der eine antibakterielle Eigenschaft besitzt. **Sinigrin**, das in den schwarzen Senfkörnern enthalten ist, gibt dem Senf den stechend scharfen Geruch. **Senfölglykoside** sind weitere Bestandteile im Senf.

Verwendung als Heilpflanze

- Senf regt die Verdauung an und wirkt gegen Sodbrennen
- gilt als förderlich für die Magen – Darm – Gesundheit
- stillt Schmerzen und wirkt entzündungshemmend
- wird gegen Kopf-, Muskel- und Rückenschmerzen eingesetzt

Anwendung:

Die heilende Wirkung kann z.B. durch **Senfwickel** bzw. durch **Senfauflagen** erreicht werden, wobei darauf zu achten ist, dass die Konzentration des Senfes nicht zur Hautschädigung führt. Informationen dazu erteilt gern der Apotheker bzw. der Hausarzt. Senfbäder können als Vollbad oder auch als Fußbad genommen werden, wobei auch hier die Dosierung eine Rolle spielt. Bei Hautrötungen bzw. Schmerzen sollte die Anwendung sofort abgebrochen werden, die Haut abgewaschen, getrocknet und mit einem verträglichen Haut Öl eingerieben werden.

Sesamkörner

Der Ursprung

Sesam ist eine der ältesten Ölpflanzen der Welt und stammt ursprünglich aus Indien und Teilen Afrikas. Heute wird das Sesamgewächs vor allem in tropischen und subtropischen Gebieten weltweit angebaut. Die Kapselfrüchte öffnen sich nur schwer, erst nach dem Ernten und Nachreifen platzen sie auf und geben weiße, schwarze und auch rote Samenkörner frei.

Die Wirkstoffe

Die Ölpflanze hat einen hohen Calciumgehalt sowie ungesättigte Fettsäuren wie z.b. Linolsäure. Ebenfalls vorhanden ist Lecithin.

Verwendung als Heilpflanze

- eine gute Ergänzung für die Knochengesundheit als Osteoporose-Prophylaxe
- regelmäßig verzehrt senkt es den Blutdruck
- hat einen positiven Einfluss auf den Cholesterinspiegel
- Vorbeugung gegen Gallensteine
- wird bei Stress vom Gehirn gern als Energiequelle genutzt
- wirkt als Verdauungshilfe und als Nieren- und Lebertonikum

Anwendung:

Als Sesampaste (Tahini) für Brotaufstrich, türkische Sesamkringel, Sesamriegel, Halva oder als Sesammilch.

Thymian

Der Ursprung

Thymian stammt ursprünglich aus dem östlichen Mittelmeergebiet, verbreitete sich dann aber bereits im 11. Jahrhundert auch in Mitteleuropa. Thymian ist neben Basilikum, Rosmarin und Oregano ein Klassiker unter den mediterranen Gewürzen. Sein würziges, bittersüßes Aroma schenkt allen Speisen eine warme, harmonische Geschmacksnote.

Die Wirkstoffe

Thymian ist für seine gesunde und heilende Wirkung bekannt. Die Heilkraft des Krauts beruht vor allem auf den Eigenschaften seiner **ätherischen Öle,** die als Hauptbestandteile die Phenole **Thymol** und **Carvacrol** enthalten. Außerdem findet man in den Blättern und Blüten dieser Heilpflanze **Flavonoide** und **Gerbstoffe.**

Verwendung als Heilpflanze

Seine **antibakteriellen, antibiotischen** und **schleimlösenden** Eigenschaften werden erfolgreich bei **Husten, Schnupfen** und **Heiserkeit** eingesetzt. Thymian gilt daher als gesunde Alternative zu herkömmlichen Medikamenten und sogar zu Antibiotika. Natürlich ist der Thymian frei von ungünstigen Nebenwirkungen.

Anwendung:

Husten, Schnupfen, Halsschmerzen und **Heiserkeit** rückt man daher idealerweise mit **Thymian-Tee, Thymian-Inhalationen** oder **Gurgellösungen** aus Thymian zu Leibe. Das ätherische **Thymianöl** (bzw. Thymol) kann sogar vorbeugend gegen **Durchfallerkrankungen** bzw. sog. **Darmgrippen** genutzt werden. Außerdem wird Thymian wegen seiner fungiziden und bakteriziden Eigenschaften gerne bei **Pilzerkrankungen** und **Entzündungen** im Mundbereich eingesetzt.

Thymian ist auch wegen seiner Wirkung auf die **Atemwege** bekannt. Die Heilpflanze regt die Tätigkeit des Flimmerepithels der Lunge an, verflüssigt dort vorhandenen Schleim, wirkt krampflösend und fördert den Auswurf beim Husten.

Vanille

Der Ursprung

Die Vanille stammt ursprünglich aus Mexiko. In Mittel- und Südamerika wurde sie schon vor Jahrhunderten zum Verfeinern des bitteren Kakaos, aber auch als Aphrodisiakum eingesetzt. Nach Europa gelangte die Vanille erst durch die spanischen Eroberer. Echte Vanille gehört weltweit zu den begehrtesten Gewürzen. Echte Vanille wird überwiegend für besonders hochwertiges Kochen und Backen verwendet.

Die wichtigste Vanillesorte stellt die **Gewürzvanille** dar. Obwohl sie ihre Ursprünge in Mexiko hat, wird sie heute vor allem auf Madagaskar und anderen Inseln im indischen Ozean angebaut. Besonders bekannt ist die **Bourbon-Vanille**, die in Europa wegen ihres intensiven Aromas besonders gefragt ist. Sie stammt von der Insel La Réunion, die früher den Namen Ile Bourbon trug.

Die Wirkstoffe

Der Hauptaromastoff Vanillin wird aufgrund des hohen Bedarfs heutzutage hauptsächlich künstlich hergestellt, ihm werden verschiedene positive Auswirkungen auf unseren Körper nachgesagt.

Verwendung als Heilpflanze und deren Anwendung

Vanille soll **stimmungsaufhellend** wirken und deswegen bei **depressiven Verstimmungen** oder **Angstzuständen** helfen können.

Bei Angstzuständen macht sich zudem die **beruhigende Wirkung** der Vanille auf unsere **Nerven** bemerkbar – deswegen duften auch viele Kerzen, Badezusätze und Körperpflegeprodukte nach Vanille.

Darüber hinaus soll Vanille, wenn sie äußerlich aufgetragen wird, eine **antiseptische Wirkung** haben – das heißt, sie soll beispielsweise bei Wunden das **Risiko einer Infektion** senken können. Zudem wird der Vanille aber auch eine **entzündungshemmende** Eigenschaft zugeschrieben. Deshalb soll das Gewürz bei **Pilzerkrankungen** der Haut sowie bei **Ekzemen** und **Neurodermitis** besonders wirkungsvoll sein.

Zimt

Der Ursprung

Zimt gehört zu den ältesten Gewürzen der Welt. Schon vor über 4000 Jahren wurde Kaneel, wie er auch genannt wird, in den Küchen Chinas verwendet. Die Ägypter benutzen ihn u.a. zur Einbalsamierung ihrer Mumien. Im mittleren Orient war er wegen seines Duftaromas beliebt. Im 14. Jahrhundert gelangte das Gewürz nach Europa. Infolgedessen suchten europäische Gewürzhändler nach dem Ursprung der wertvollen Rinde und fanden ihn auf der Insel **Ceylon**. Seitdem wurde er in erster Linie von portugiesischen und später auch von niederländischen Händlern vertrieben.

Die Wirkstoffe

Für das Zimtaroma sind die ätherischen Öle im Zimt verantwortlich, die wiederum zu rund 75 Prozent aus Zimtaldehyd bestehen. Eugenol und Cumarin sind weitere wichtige Aromastoffe. Letzteres ist allerdings mit Vorsicht zu genießen.

Verwendung als Heilpflanze und deren Anwendung

Zimt fördert den **Appetit** und regt die **Darmtätigkeit** an. Als Gewürz kann er daher Speisen bekömmlicher machen und **Verdauungsproblemen** wie **Blähungen** und **Völlegefühl** vorbeugen.

Die Sammlung der Heilwirkung der Kräuter und Gewürze sind recherchiert in diversen Foren, wie Wikipedia, Zentrum der Gesundheit, Gewürzkarawane u.a.

Sie stellt keine Medizinische Beratung und Empfehlung dar, sondern dient lediglich zur Information über die im Kochbuch verwendeten Kräuter und Gewürze!

Inhaltsverzeichnis: